W0046817

Olivia Trombitas-Meissel

Unsere neue Familienküche

FRISCH IDEENREICH LECKER

Einfache Rezepte voller Genuss

Mit Illustrationen
von Stefanie Wawer

KNEIPP
VERLAG WIEN

Essen – eine Familienleidenschaft

Eine Freundin sagte neulich zu mir: „Ich komme um 15 Uhr aus dem Büro. Dann muss ich Kind 1 aus dem Kindergarten und Kind 2 vom Klavierunterricht abholen, einkaufen, nach Hause fahren – und dann haben alle einen Bärenhunger. Darum gibt's entweder Fischstäbchen oder ich nehme von unterwegs schnell etwas mit."

Sätze wie diese kennst du bestimmt auch. Es gibt Tage, an denen ist einfach viel zu viel zu tun. Dogmatik und Druck helfen in diesen Fällen nicht weiter. Also einmal ganz tief durchatmen – manchmal gibt es eben Convenience-Food.

Doch wie schafft man es als Familie, möglichst oft frisch zu kochen und die Fischstäbchen zur Ausnahme zu machen? Eine Kombination aus schnellen Rezepten, ein bisschen Vorkoch-Know-how und das Weiterverwerten von Resten macht sie möglich, die frische Familienküche.

Dieses Buch ist kein Kinder-Kochbuch, aber genauso wenig ein Erwachsenen-Kochbuch. Es ist ein Kochbuch, das Lust auf gutes, unkompliziertes Essen macht, egal wie alt man ist. Ein Buch ohne Extrawurst-Gerichte für Kinder – Pancakes mit Bärengesicht wirst du hier vergeblich suchen. Schon aus rein egoistischen Gründen verwöhne ich uns mit abwechslungsreichem Essen, das uns allen das Wasser im Mund zusammenlaufen lässt. Denn am Ende geht es immer darum, Essen zuzubereiten, das mit Freude gegessen wird.

Die Kapitelbezeichnungen dienen als Anregung, sind aber nicht unumstößlich: Auch Gerichte für das Frühstück oder die kleinen Mahlzeiten lassen sich im Handumdrehen in ein Mittag- oder Abendessen verwandeln. Bei den Hauptmahlzeiten kannst du einzelne Komponenten heraussuchen, Beilagen weglassen oder anders kombinieren – bei vielen Rezepten gibt es dazu Ideen und Varianten.

Gern gekocht und gegessen habe ich schon immer. Seit wir eine Familie sind, ist daraus eine Leidenschaft geworden. Für mich gibt es nichts Schöneres als ein Zuhause, das nach frisch gekochtem Essen duftet. Meinem Bauchgefühl folgend habe ich unsere drei Kinder gleich von Anfang an in die Zubereitung eingebunden. Meinen lustvoll-unbeschwerten Zugang zum Genießen haben sie so gleich übernommen.

Mittlerweile kenne ich jede Menge Tipps und Tricks, wie es mit dem entspannten Familienessen wirklich klappt. Denn auch mir ist in meinen 10 Jahren als Mutter beileibe nicht immer alles gelungen. Am Anfang glich meine Küche einem Wimmelbild. Ehrlich gesagt tut sie das auch jetzt hin und wieder noch, trotzdem hat sich mittlerweile so etwas wie eine beglückende Kochroutine eingestellt.

Zum Einkaufen gehe ich am liebsten auf den Markt oder zum Hofladen, auch wenn das nicht immer möglich ist. Natürlich kaufe ich auch im Supermarkt und in der Drogerie ein – die gibt's schließlich überall. Einzelne Zutaten wie Gemüsebrühe, Nuss- oder Fruchtmus finden sich dort in Bio-Qualität, wenn der eigene Vorrat mal aus ist.

Tatsächlich bin ich beim Kochen meist schneller, als der Pizzabote liefern kann!

Auch wenn ich wirklich leidenschaftlich gern koche, will ich nicht immer Stunden am Herd stehen, sondern Gutes und Vielfältiges in überschaubarer Zeit auf den Tisch bringen. Deshalb sind die meisten Rezepte nicht besonders zeitaufwendig. Tatsächlich bin ich beim Kochen meist schneller, als der Pizzabote liefern kann!

Und ich koche vor (in großen Mengen!): Mir ist es nämlich lieber, die Küche nur einmal komplett putzen zu müssen, statt sieben Mal die Woche. Außerdem kann ich aus Vorgekochtem und Resten ruck-zuck tolle neue Gerichte zubereiten. Ist der Notfall-Hunger dann groß, bin ich mit gutem Essen gewappnet.

Frisches Familienessen ist also auch in turbulenten Zeiten entspannt möglich. Denn Essen soll durch und durch glücklich machen, manchmal ein kleines Abenteuer sein und am Ende einfach gut schmecken – der ganzen Familie.

Auch mit meinem *Blog More is Now*, auf dem ich über genussvolles Mama-Sein schreibe und Rezepte teile, möchte ich Familien mit meiner Leidenschaft anstecken. Die Einblicke in unsere Töpfe machen hoffentlich auch euch richtig Lust aufs Kochen und Essen.

Eure Olivia

Inhalt

HMMM
LECKER

Familienessen: Die „So-klappt-es-Strategie"

Unter der Woche läuft uns schon mal die Zeit davon. Deshalb bündeln wir Einkaufen, Kochen und Vorbereiten am Wochenende. So kriegen wir alles unter einen Hut. Jeden Freitag schreiben wir eine lange Einkaufliste, und für die Gerichte, die wir am Wochenende kochen, kaufen wir gleich die doppelte Menge ein. Auch kleine Extras, die wir während der Woche nicht schaffen und die sich ein paar Tage halten, planen wir gleich mit. Und dann bereiten wir alle gemeinsam große Mengen vor und zu und „zehren" die ganze Woche davon:

— Die eingekauften Lebensmittel nach Möglichkeit gleich vorbereiten, sie lassen sich dann schneller verarbeiten: Salat waschen, schleudern und in ein feuchtes Geschirrtuch gewickelt im Kühlschrank aufbewahren. Gemüse für Suppen oder Eintöpfe putzen, vorschneiden oder raspeln und in luftdichten Gefäßen im Kühlschrank oder Gefrierfach aufbewahren.

—Vorratsgläser gleich wieder mit Nüssen, Haferflocken, Mehl etc. befüllen.

— Beilagen wie Quinoa, Hirse, Polenta, Haferflocken, Vollkornreis oder Kartoffeln vorkochen, Fruchtmus* oder -kompott als Vorrat anlegen, Knuspermüsli herstellen. Alles in verschließbare Gefäße füllen, bei Bedarf beschriften und im Kühl- oder Vorratsschrank lagern. In der Woche werden Quinoa, Hirse oder Reis in Butter knusprig angebraten, mit Gemüseresten auf Schüsseln verteilt und mit Dressing übergossen.

— Zum Vorkochen eignen sich ganz besonders: Sommertomaten-Soße, Ofengemüse, Ratatouille, Dhal, Bolognese-Soße, sämtliche Suppen, Pesto, Hummus, Topfbrot und Pizzateig (einfrieren). Salatdressings, Gewürzmischungen und knusprige Toppings aus dem Abschnitt „Familienessen einfach aufgebrezelt" können ebenso vorbereitet werden.

Gut zu wissen

— Gemüse, Kräuter, Salat und Obst vor der Verwendung stets gut waschen und trocken schütteln oder tupfen.

— Wann immer möglich, mit Bio-Lebensmitteln der Saison kochen. Fleisch, Fisch und Eier kommen bei uns nur in Bio-Qualität auf den Familientisch.

— In vielen Rezepten sind kleine Mengen von (getrockneten) Chilischoten angeführt. Nicht alle essen gern scharf, daher Chilis bei der Zubereitung evtl. weglassen und am Ende nur über ausgewählte Teller streuen. Auch Salz (am liebsten grobes Meersalz) und Pfeffer besonders für kleinere Kinder sparsam verwenden. Nachgewürzt werden kann immer.

— Ist kein selbst gekochter Gemüsefond zur Hand, ist hefefreies Bio-Gemüsebrühpulver eine Alternative.

— Wird Nussöl angeführt, Haselnuss- oder Walnussöl verwenden.

— Bei Milchprodukten ruhig tierische und verschiedene pflanzliche Alternativen (z.B. Mandel-, Hafer-, Kokos- oder Reismilch bzw. -joghurt) abwechseln.

— Zum Süßen getrocknete Medjoul-Datteln verwenden (schön saftig und weich). Festere Datteln vor der Verwendung in Wasser einlegen und abgeseiht zerdrücken, pürieren oder in kleine Stücke schneiden.

*Unterstrichene Gerichte finden sich als Rezept in diesem Buch.

Groß und Klein an einem Tisch

Ich habe meinen Mann, Dr. Mathias Meissel (Facharzt für Kinder- und Jugendmedizin mit Diplom für Ernährungsmedizin), um seine Empfehlungen für Babys und Kleinkinder am Familientisch gebeten. Aus ganz persönlicher Sicht als Eltern dreier Kinder (inzwischen im Kindergarten- und Grundschulalter) haben wir gemeinsam im Familienalbum ein paar Seiten zurückgeblättert:

Direkt dabei

Bei uns hat die aktive Teilnahme der Kinder am Familientisch rund um den 5. Lebensmonat begonnen. Während wir bei unserem ältesten Sohn noch gezielt auf klare Anzeichen, wie das Verschwinden des Ausspuck-Reflexes, das selbstständige Halten des Kopfes oder die Feinmotorik der Hände geachtet haben, sind wir mit jedem weiteren Kind entspannter geworden. Beobachtet man seine Kinder aufmerksam, spürt man ganz schnell, wann der richtige Zeitpunkt für ein altersentsprechendes Mitessen gekommen ist – nämlich genau dann, wenn die kleinen Hände geschickt ein Karottenstück vom Teller der großen Schwester angeln, die Augen die Schüssel mit den Vollkornspaghetti fixieren oder der kleinste Mensch am Tisch herzhaft zu weinen beginnt, sobald die Pfannkuchen außer Reichweite sind. Ab diesem Zeitpunkt stand dann auch immer ein Becher mit Wasser für das jüngste Familienmitglied bereit, um den Flüssigkeitsbedarf zu decken.

Du beginnst zu essen

Auf eine bestimmte Abfolge der Lebensmittel zu Beginn der Beikost haben wir nicht geachtet, sondern die Auswahl intuitiv davon abhängig gemacht, was den Kindern schmeckt. Wir haben uns um gesunde Abwechslung auf dem Familientisch gekümmert – basierend auf den Vorlieben der ganzen Familie und dem saisonalen Angebot – und die Kinder selbst die Menge und die Zusammenstellung bestimmen lassen. Denn auf die Autonomie des kindlichen Essverhaltens kann man als Eltern vertrauen; zu viel Eingriff von außen ist eher kontraproduktiv für das von Natur aus mitgegebene Rüstzeug.

Was dir schmeckt

Natürlich blickten auch wir gerade zu Beginn der Beikostzeit regelmäßig in ein kleines „Zitronengesicht". Angebotene Lebensmittel wanderten genauso schnell wieder aus dem Mund wie hinein, und es landete mehr auf dem Boden als im Magen. Nicht alles hat auf Anhieb geschmeckt, aber die Neugierde für das Essen der anderen am Tisch war immer klar erkennbar: Kinder beobachten und ahmen nach – sie lernen von ihrem Umfeld. Behutsames und abwechslungsreiches Heranführen an die Vielfalt der Lebensmittel bewirkte, dass unsere Kinder bis heute gern Neues probieren. Manches schmeckt, anderes eben weniger.

Was du erst später essen solltest

Nur wenige Nahrungsmittel, wie Honig, rohe Eier, roher Fisch und rohes Fleisch (Auslöser von Säuglings-Botulismus bzw. Gefahr einer Salmonelleninfektion), standen nicht auf dem Speiseplan. Damit alle am Familientisch nach Herzenslust zugreifen konnten, haben wir diese Lebensmittel ganz einfach nicht für die Zubereitung der Mahlzeiten verwendet. Beim Kochen wurde im jeweils ersten Lebensjahr unserer drei Kinder vorrangig mit Kräutern oder Gemüsebrühe gewürzt und nur wenig gesalzen, da Salz den kindlichen Stoffwechsel nachweislich belastet. Um für die ganz Kleinen nichts extra zubereiten zu müssen, hat der Rest der Familie dann bei Bedarf mit Salz, Pfeffer oder Chili nachgewürzt.

Für alle das passende Angebot

Lebensmittel, die leicht verschluckt werden und in weiterer Folge die Atemwege blockieren können – ganze Nüsse, Samen, Körner, Beeren, Trauben, Hülsenfrüchte (Kichererbsen, Erbsen, Bohnen) oder grätenhaltige Fische – wurden, da diese sehr wertvoll sind, nicht vom Familientisch verbannt, sondern in einer für jedes Familienmitglied adäquaten Form dargereicht: Während die größeren Kinder zu ihren Apfelspalten Haselnüsse knabberten, steckte die kleine Schwester ihre ins Mandelmus, bevor sie im Mund landeten. Trauben wurden halbiert, Kichererbsen mit einer Gabel zerdrückt und das Lachsfilet nach sorgfältiger Grätenkontrolle mit einem Löffel in kleine Stücke zerteilt.

Allergiefrei aufwachsen

Vermeintliche Allergieauslöser wie Fisch, Eier oder bestimmte Getreidesorten und Milchprodukte haben wir bewusst regelmäßig auf den Familientisch gebracht. Gleichzeitig haben wir versucht, ein gutes Verhältnis zwischen pflanzlichen und tierischen Produkten zu finden. Wir sind der Überzeugung, dass all das – gemeinsam mit dem Stillen während der ersten Lebensmonate – dazu beigetragen hat, dass unsere Kinder unter keinen Allergien leiden.

Süßes für dich

Mit Bedacht gehen wir mit Süßigkeiten und zuckerhaltigen Getränken um – nicht immer stößt das auch auf Verständnis bei den Kindern. Zu Hause wird bis auf wenige Ausnahmen Wasser oder Tee (Kräuter- oder Früchtetee) getrunken. Gerade zu speziellen Feierlichkeiten sind Süßigkeiten auch bei uns ein Thema, wir versuchen diese jedoch auf ein gesundes Maß zu beschränken oder Alternativen zu bieten. Wir haben immer selbst hergestellte Leckereien (gesüßt mit wenig Zucker oder Zuckeralternativen) im Haus. Ist die Lust auf Süßes da, können sich alle daran bedienen, ohne Gefahr, in späteren Jahren unter den Folgeerscheinungen wie Übergewicht, Diabetes oder Karies zu leiden.

Bewegung tut dir gut

Nicht minder wichtig ist uns ausreichend Bewegung, die Freude macht. Auch da haben wir beobachtet, wo die Interessen und Vorlieben der Kinder liegen. Von Geburt an haben wir so viel Zeit wie möglich draußen verbracht – im Wald, mit dem Laufrad, gemeinsam beim Joggen, im Park beim Klettern auf Bäumen, beim Wandern. Denn wer sich viel bewegt und an der frischen Luft ist, hat auch Hunger – und der ist ja bekanntlich der beste Koch.

Unsere persönlichen Erkenntnisse basieren auf den aktuellen Empfehlungen der Fachgesellschaften für Kinder- und Jugendmedizin sowie Ernährung im deutschsprachigen Raum.

Frühstück

Sollen die Kinder rechtzeitig im Kindergarten oder in der Schule sein und die Großen zum Meeting im Büro nicht zu spät kommen, ist in der Woche oft nur Zeit für ein superschnelles Frühstück. Blitzschnelle Rezepte und Vorbereitungsideen lassen niemanden mit leerem Magen das Haus verlassen. Noch einfacher ist es, wenn ein Teil schon am Vorabend zubereitet wird.

Am Wochenende ist dann mehr Zeit, selbst wenn die Kleinen beschließen, auch am Sonntag um 6 Uhr aufzustehen. Erst mal eine große Tasse Kaffee für die Eltern – und danach gemeinsam das Frühstück auf den Tisch bringen.

Dattelsüßer
Müslipudding

**Für 2 große
und 2–3 kleine Esser
+ ein zweites Ma(h)l**

**Zubereitungszeit:
15 Minuten**

2 Bananen

2 Birnen

4 Medjoul-Datteln ohne Stein

**250 g Getreideflocken
(Feinblatt), z.B. Haferflocken,
Dinkelflocken oder eine
Mischung**

**800 g (pflanzlicher) Joghurt
(mind. 3,6 % Fett)**

**2 gute EL Nussmus
(S. 28)**

**1 TL gemahlener Zimt plus
1 Prise zum Bestreuen**

**1 TL gemahlene Vanille oder
Mark einer Vanilleschote**

1 Bananen schälen und auf der groben Seite der Vierkantreibe reiben. Birnen bis auf das Kerngehäuse grob reiben. Datteln mit einer großen Gabel zerdrücken.

2 Je die Hälfte der Bananen und Birnen sowie die Datteln in einer großen Schüssel mit den Getreideflocken, Joghurt und Nussmus verrühren und mit Zimt und Vanille würzen.

3 Das Müsli auf mehrere Gläser oder kleine Schüsseln verteilen, mit dem restlichen Obst toppen und mit Zimt bestreuen.

Tipp Den Müslipudding bereite ich oft bereits am Vorabend zu und stelle ihn abgedeckt über Nacht in den Kühlschrank.

Knackig-grüne
Ofen-Frittata

1 Den Backofen auf 180 °C Umluft vorheizen. Gouda grob reiben. Schnittlauch in feine Röllchen, Pflücksalat bzw. Sprossen bei Bedarf in mundgerechte Stücke schneiden. Etwas Schnittlauch und den gesamten Salat bzw. die Sprossen zum Garnieren beiseitelegen.

2 Eier in einer Schüssel mit einer großen Gabel verschlagen. Schnittlauch, geriebenen Käse und körnigen Frischkäse dazugeben und verrühren. Kräftig salzen und pfeffern.

3 In einer großen ofenfesten Pfanne (ca. 27 cm ø) Olivenöl und Butter erhitzen. Blattspinat waschen, tropfnass in die Pfanne geben und bei mittlerer Temperatur etwas zusammenfallen lassen. Die Eimasse zum Spinat in die Pfanne gießen, gut verteilen und 25 Minuten im Ofen garen. Die Frittata sollte am Ende der Backzeit gestockt und aufgegangen sein.

4 Frittata aus dem Ofen nehmen, mit dem beiseitegestellten Schnittlauch und dem Pflücksalat bzw. den Sprossen bestreuen, etwas Käse darüberreiben und mit Vollkornbrot servieren.

Tipp Reste der Frittata schmecken kalt als kleine Zwischenmahlzeit (für Schule, Kindergarten oder Spielplatz) oder mit einem Salat zum Abendessen.

**Für 2 große und
2–3 kleine Esser**

**Zubereitungszeit:
10 Minuten
+ 25 Minuten Backzeit**

**150 g (Ziegenkäse-)Gouda
plus mehr zum Bestreuen**

1 Bund Schnittlauch

**1 Handvoll Salatmix
oder Sprossen**

10 Eier

150 g körniger Frischkäse

**Salz und frisch
gemahlener Pfeffer**

1 EL Olivenöl

1 TL Butter

125 g frischer Blattspinat

Vollkornbrot zum Servieren

Fruchtig-krosser
Sandwichturm

Für 2 große und
2–3 kleine Esser

Zubereitungszeit:
20 Minuten

2 TL Buchweizen

2 TL Kürbiskerne

2 TL Mandeln mit Haut

3 süßsäuerliche Äpfel,
z.B. Gala oder Topaz

3 Birnen

6 Scheiben Dinkelsandwich-
brot oder Vollkorntoast

175 g Frischkäse

3 EL Dattel-Kürbis-
Karamell (S. 33) plus mehr
zum Servieren, alternativ
6 entsteinte und zerdrückte
Medjoul-Datteln

200 g griechischer Joghurt

1 Buchweizen, Kürbiskerne und Mandeln in einer Pfanne ohne Fett goldbraun rösten und in kleinen Schüsseln bereitstellen. Äpfel und Birnen mit einem Apfelausstecher vom Kerngehäuse befreien und in dünne Scheiben schneiden. Brot toasten. 3 Scheiben mit Frischkäse, 3 mit Dattel-Kürbis-Karamell bestreichen.

2 Die mit Karamell bestrichenen Brotscheiben mit je 2–4 Apfelscheiben und 1 mit Frischkäse bestrichenen Brotscheibe belegen und leicht andrücken. Mit einem scharfen Messer halbieren und auf eine Platte stapeln.

3 Die Brote gemeinsam mit den Kernen und Nüssen, weiteren Apfel- und Birnenscheiben sowie Joghurt und Dattel-Kürbis-Karamell servieren.

Tipp Soll es noch schneller gehen, Brote schon am Vorabend zubereiten und nur Äpfel und Birnen frisch aufschneiden. Joghurt und die knusprigen Beilagen lässt man an besonders stressigen Tagen einfach weg.

Frühstück wochentags

IMMER GUT!

Das smarte
Topfbrot

1 Zwei Tage bevor das Brot gegessen werden soll, beginnen: Alle Zutaten in eine große Schüssel geben und mit einer Gabel grob vermischen. Abgedeckt mit einem Bienenwachstuch oder Frischhaltefolie bei Zimmertemperatur 24 Stunden ruhen lassen.

2 Am nächsten Tag den Teig mithilfe einer Teigkarte auf einem bemehlten Bogen Backpapier zu einem runden Laib formen, etwas Mehl darüberstäuben, mit einem sauberen Geschirrtuch abdecken und weitere 2 Stunden ruhen lassen.

3 Nach 1 Stunde Ruhezeit den Backofen auf 235 °C vorheizen und einen leeren emaillierten oder gusseisernen Topf mit Deckel (ca. 22 cm ø) hineinstellen und mit aufheizen lassen.

4 Nach der Ruhezeit den Topf aus dem Ofen nehmen (Achtung, er ist sehr heiß, nur mit Ofenhandschuhen arbeiten!), den Deckel abheben und den Brotlaib samt Backpapier in den heißen Topf setzen. Deckel wieder schließen und das Brot 30 Minuten auf der zweiten Schiene von unten backen.

5 Anschließend den Deckel abnehmen, das Brot mit 1 TL Mehl bestäuben und weitere 15 Minuten ohne Deckel backen.

6 Den Topf aus dem Ofen nehmen, das Brot vorsichtig herausheben und 1 Stunde auf einem Kuchengitter abkühlen lassen. Über Nacht wieder in den Topf legen und abdecken oder in ein Bienenwachstuch wickeln und am nächsten Morgen zum Frühstück genießen.

Tipp Für **SELBST GERÜHRTE BUTTER: 500 ml Sahne** mit dem Handmixer oder einer Küchenmaschine so lange schlagen, bis sich die flüssige Molke von der Butter trennt. Durch ein Sieb gießen und die Butter abtropfen lassen. **Mit Salz, gehackten Kräutern, essbaren Blüten** oder dem **Abrieb einer Bio-Zitrone** vermengen.

<u>Für 1 Laib Brot (½ kg)</u>

Zubereitungszeit:
15 Minuten
+ 26 Stunden ruhen
+ 45 Minuten Backzeit

175 g Roggenvollkornmehl,
Dinkelvollkornmehl
oder Dinkelmehl
(in Deutschland: Type 630 /
in Österreich: Type 700 glatt)

325 g Dinkelmehl
(in Deutschland: Type 630 /
in Österreich: Type 700 glatt)
plus mehr zum Bestäuben

¼ TL Trockenhefe

1 gestrichener EL Salz

1 gehäufter TL SONNENTOR
Brotgewürz grob gemahlen

350 ml lauwarmes Wasser

Während-du-schläfst-
Brötchen

Für 12 Brötchen

Zubereitungszeit:
30 Minuten
+ 12 Stunden ruhen
+ 25 Minuten Backzeit

500 g Dinkelmehl
(in Deutschland: Type 630 /
in Österreich: Type 700 glatt)

1 Pck. Weinstein-
Backpulver (17 g)

½ TL Salz

40 g Kokosblütenzucker

300 g Magerquark

100 ml Milch

100 ml kalt gepresstes
Sonnenblumenöl

Zum Bestreichen
und Bestreuen:

1 Ei

20 ml Milch

12 TL Samen und Kerne,
z.B. Mohn, Sesam, Kürbis-
kerne, Sonnenblumenkerne

1 Am Vorabend Mehl (bei Bedarf fein gesiebt), Back-pulver, Salz, Kokosblütenzucker, Quark, Milch und Öl in eine große Schüssel geben und mit den Knethaken des Handmixers zu einem glatten Teig verarbeiten. Anschließend in der Schüssel kurz mit den Händen durchkneten und zu einer großen Kugel formen.

2 Die Kugel auf einen Bogen Backpapier legen und zu einem ca. 40 cm langen Strang formen, diesen in 12 möglichst gleich große Stücke teilen. Teigstücke zu kleinen Kugeln formen, auf ein großes, mit einem zweiten Bogen Backpapier ausgelegtes Brett setzen und leicht andrücken. Damit der Teig nicht austrock-net, das zuvor verwendete Backpapier über die Teig-kugeln legen. Über Nacht in den Kühlschrank stellen.

3 Am nächsten Morgen den Backofen auf 180 °C Umluft vorheizen. Das Ei mit 20 ml Milch verquirlen. Die Teigkugeln mit dem Backpapier auf ein Blech setzen und mit etwas mehr Abstand darauf verteilen. Mit der Ei-Milch-Mischung bestreichen und mit jeweils 1 TL der Samen und Kerne bestreuen.

4 20–25 Minuten im Ofen goldbraun backen, dabei die Temperatur nach 15 Minuten auf 140 °C reduzie-ren. Anschließend aus dem Ofen nehmen und etwas abkühlen lassen.

Tipps Die Brötchen können gut eingefroren und bei Bedarf nochmals aufgebacken werden.

Bestreut mit Sesam eignen sich die Brötchen auch als Burger Buns. Gut als Füllung schmecken Rindfleisch-Linsen-Bällchen, Tomatenscheiben, süßsaure Zwie-beln, Krautsalat und Limettenmayo (s. Rezept für Ge-röstetes Gemüse mit Veggie-Limettenmayo).

Variante Anstelle von Samen rühre ich gern Rosi-nen oder gehackte dunkle Schokolade unter den Teig.

Mitmachessen = Familienzeit

Damit Groß und Klein gleichermaßen Freude am Essen finden, habe ich in den vergangen Jahren ein paar Tricks gesammelt. Besonders gut klappen diese, wenn man so früh wie möglich damit startet und sie in den Alltag aufnimmt – so wie die Gute-Nacht-Geschichte oder das Zähneputzen. Es ist allerdings nie zu spät, damit anzufangen und dranzubleiben:

— Wann immer möglich, Kinder beim Kochen einbinden und mithelfen lassen. Unbedingt gutes Küchenwerkzeug zur Verfügung stellen, denn nur mit richtigen Messern, Sparschälern und Kochlöffeln macht Kochen unter Begleitung Spaß. Größeren Kindern ab Schuleintritt kann man durchaus schon mal mehr zutrauen und sie hin und wieder kleine Gerichte selbst kochen lassen. Gramm abwiegen und Milliliter abmessen hilft, Gewichtsmaße und Volumeneinheiten in der Praxis kennenzulernen. Wie gut doch Pfannkuchen schmecken, die mit viel Fingerspitzengefühl selbst gewendet wurden!

— Alles, was man selbst gepflanzt, gepflegt und direkt vom Strauch geerntet hat, schmeckt in der Regel nicht nur Klein, sondern auch Groß besonders gut. Balkongemüse, Pflücksalate oder Kräuter benötigen nicht viel Platz. Sprossen kann man auch in der Küche heranziehen und frisch geerntet zum Frühstück über das Butterbrot streuen.

— Kindern beim Essen eine Auswahl nach Baukasten-Art ermöglichen: Die verschiedenen Bestandteile einer Mahlzeit kommen auf den Tisch und alle stellen ihre Lieblingsversion selbst zusammen.

— Die Jahreszeiten richtig auskosten. Ideen gibt es hier im Buch.

— Am Wochenende gemeinsam Brot backen, Butter schlagen, Pizzateig kneten und belegen, Gemüse fermentieren oder Marmelade aus reifem Obst einkochen.

Geben wir unseren Kindern viel Wissen rund um gutes Essen mit, sorgt das nicht nur für mehr Spaß am Familientisch, sondern sie profitieren ein Leben lang davon.

— Gemeinsam Einkaufen und auf Zutatenlisten schauen: Den bunt verpackten Joghurt, der regelmäßig einen Wutanfall im Supermarkt auslöst, einfach zu Hause herstellen. Nicht vergessen zu erklären, warum die selbst gemachte Variante für kleine Bäuche besser ist. Am Wochenende über den Markt schlendern, an den Ständen die unterschiedlichen Köstlichkeiten probieren – zu Hause und auf Reisen.

— Besondere Ereignisse oder Meilensteine mit einem Picknick auf dem Wohnzimmerboden feiern. Sich Zeit nehmen, das Picknick gemeinsam zusammenstellen und mit den Händen essen. Slow Food anstelle von Fast Food!

Zwetschgenmarmelade
mit Chiasamen und Mohn

1 Feigen in einem Topf mit 500 ml Wasser bedecken, aufkochen, Temperatur reduzieren und 10 Minuten köcheln lassen.

2 Zwetschgen entsteinen und zu den Feigen in den Topf geben. Nochmals 10 Minuten köcheln lassen.

3 Obst mit einem Pürierstab oder in einer Küchenmaschine nicht zu fein pürieren und wieder in den Topf geben. Ingwer schälen und fein reiben. Gemeinsam mit Zimt, Mohn und Chiasamen unterrühren.

4 Die Marmelade noch heiß in ein sauberes Glas füllen. Im Kühlschrank aufbewahrt hält sie bis zu 2 Wochen.

Tipps Statt aufwendig große Mengen einzukochen, bereite ich gern am Abend ein Glas mit frischer Marmelade zu. So kann ich nach Lust und Laune saisonales Obst verwenden – ist das Glas leer, stelle ich ruckzuck eine neue Geschmacksvariante her. Durch die Chiasamen und Trockenfrüchte kann auf Gelierzucker verzichtet werden.

Die Marmelade schmeckt auf Brot oder Brötchen, eignet sich aber auch als Topping von Müsli, Granola und Joghurt oder als süße Füllung in Crêpes.

Varianten Anstelle der getrockneten Feigen verwende ich zum Süßen gern Medjoul-Datteln und mische diese statt der Zwetschgen und dem Mohn mit

— Erdbeeren und Lavendelblüten

— Himbeeren, Zitronenabrieb und feinen Streifen von Minzblättern oder

— Heidelbeeren und etwas fein gehacktem Rosmarin.

**Für 1 Vorratsglas
(ca. 500 ml)**

**Zubereitungszeit:
25 Minuten**

200 g getrocknete Feigen

500 g Zwetschgen

1 Stück Ingwer (2 cm)

**1 gestrichener TL
gemahlener Zimt**

3 TL Mohn

2 TL Chiasamen

Cremiger Nuss-Schoko-Aufstrich

**Für 1 Vorratsglas
(ca. 400 ml)**

**Zubereitungszeit:
25 Minuten**

**300 g Nussmus
(selbst gemacht*
oder gekauft)**

**4 EL SONNENTOR Schlau-
kakao Trinkschokolade,
alternativ Rohkakaopulver
oder Backkakao**

**10 Medjoul-Datteln
ohne Stein**

6 EL Nussöl

2 TL Mandelmilch

1 Prise gemahlene Vanille

1 Prise Salz

1 Alle Zutaten in einer Küchenmaschine mixen, bis eine streichfähige Creme entsteht. Ist die Masse noch zu fest, nach und nach bis zu 100 ml lauwarmes Wasser dazugeben.

2 Nuss-Schoko-Aufstrich in ein verschließbares Glas füllen und im Kühlschrank lagern. So hält er sich bis zu 3 Wochen.

*Für **SELBST GEMACHTES NUSSMUS 200 g Haselnüsse mit Schale** und **100 g Sonnenblumenkerne** auf einem mit Backpapier ausgelegten Blech verteilen und 15 Minuten bei 150 °C Umluft im Ofen rösten. Anschließend herausnehmen und abkühlen lassen. In einer Küchenmaschine so lange pürieren, bis daraus ein cremiges Mus entsteht. Zu Beginn werden die Nüsse und Kerne zu Pulver zermahlen, erst nach einigen Minuten (abhängig von der Leistungsstärke der Maschine) werden sie cremig.

Variante Anstelle der Haselnüsse im Nussmus verwende ich gern weiße Mandeln oder Cashewkerne, für den Aufstrich statt Rohkakaopulver Kokosflocken, die Mandelmilch ersetze ich durch Kokosmilch. Mengen und alle anderen Zutaten bleiben gleich. So wird ein heller Mandel-Kokos-Aufstrich daraus.

HMMM
LECKER

Hummus
von der grünen Erbse

**Für 1 großes Vorratsglas
(ca. 400 ml)**

**Zubereitungszeit:
15 Minuten**

1 Stück Ingwer (2 cm)

1 Knoblauchzehe

2 Stängel Minze

300 g aufgetaute Erbsen (TK)

**fein abgeriebene Schale
einer ganzen,
Saft einer halben Bio-Zitrone**

1 EL Tahin (Sesammus)

60 g Pistazienkerne

1 TL gemahlener Koriander

**1 TL gemahlener
Kreuzkümmel**

**4 EL Olivenöl plus mehr
für das Topping**

**Salz und frisch
gemahlener Pfeffer**

1 TL Sesam

1 Ingwer und Knoblauch schälen und fein reiben. Minzblätter abzupfen und fein hacken. Etwas Minze, einige Erbsen und die Zitronenschale für das Topping beiseitestellen.

2 Alle Zutaten bis auf den Sesam und das Topping in ein hohes Gefäß geben und mit einem Pürierstab fein pürieren. Mit Salz und Pfeffer abschmecken.

3 Hummus in eine Schale füllen, mit einem Schuss Olivenöl, der beiseitegestellten Minze, einigen Erbsen, Zitronenschale und Sesam garnieren.

Tipp Beide Hummussorten passen großartig zu den Popcorn-Saaten-Crackern – für Große zum Aperitif oder für Kleine als Snack zwischendurch. Auf frisches Brot oder Pfannen-Fladenbrot gestrichen wird daraus mit Ofengemüse eine Hauptmahlzeit.

Hummus
von der weißen Bohne

1 Knoblauch schälen. Frühlingszwiebeln von Strunk und grünen Blättern befreien. Beides mit 1 TL Olivenöl in einer Pfanne goldbraun anbraten. Bohnen abtropfen lassen.

2 Alle übrigen Zutaten bis auf Petersilie und Würzknusper in einem hohen Gefäß mit dem Pürierstab zu einer feinen Paste pürieren. Mit Salz und Pfeffer abschmecken.

3 Hummus in eine Schale füllen und mit etwas Olivenöl, Petersilie und dem Würzknusper garnieren.

<u>**Für 1 großes Vorratsglas (ca. 400 ml)**</u>

**Zubereitungszeit:
15 Minuten**

1 Knoblauchzehe

½ Bund Frühlingszwiebeln

**4 EL Olivenöl plus mehr
für das Topping**

300 g weiße Bohnen (Dose)

1 EL Tahin (Sesammus)

½ TL gemahlener Kümmel

**½ TL gemahlener
Kreuzkümmel**

Saft einer halben Zitrone

3 getrocknete Tomaten (Glas)

1 gehäufter TL Kapern (Glas)

**Salz und frisch
gemahlener Pfeffer**

1 Handvoll gehackte Petersilie für das Topping

**Würzknusper (S. 79)
für das Topping**

Dattel-Kürbis-Karamell

1 Kürbis grob raspeln. Alle Zutaten bis auf das Nussöl mit 250 ml Wasser in einen Topf geben und aufkochen. Temperatur reduzieren und so lange köcheln lassen, bis das Wasser verkocht ist.

2 Mit einem Pürierstab oder in einer Küchenmaschine fein pürieren, das Nussöl unterrühren und in ein sauberes Glas gefüllt im Kühlschrank maximal 1 Woche aufbewahren.

Tipp Das Karamell eignet sich zum Dippen von Obstspalten und Nüssen, als Brotaufstrich, zum Füllen von Blätterteig oder zum Bestreichen von Crêpes. Auch auf der Käseplatte macht es sich großartig.

Für 1 Vorratsglas (ca. 370 ml)

Zubereitungszeit: 15 Minuten

300 g Kürbisfruchtfleisch (am besten Butternuss oder Hokkaido)

6 Medjoul-Datteln ohne Stein

1 gestrichener TL gemahlene Vanille oder Mark einer Vanilleschote

1 gestrichener TL gemahlener Zimt

1 Prise frisch geriebene Muskatnuss

½ TL gemahlener Ingwer

½ TL SONNENTOR Lebkuchengewürz

1 TL Nussöl

Knuspermüsli
in drei Varianten

Knuspermüsli-Basis

**500 g Getreideflocken
(Feinblatt), z.B. Haferflocken,
Dinkelflocken oder eine
Mischung**

1 kräftige Prise Salz

**10 EL Nuss- oder mildes
Olivenöl**

Birne-Walnuss-Ingwer:

**200 g grob gehackte
Walnüsse**

**insgesamt 100 g Kürbiskerne
und Leinsamen**

**6 TL SONNENTOR Aladins
Kaffeegewürz,
alternativ je 2 TL gemahlener
Zimt, Kardamom und Ingwer**

**250 g Birnenmus
(selbst gemacht* oder aus
dem Babygläschen)**

**2 Handvoll Apfelchips,
Rosinen oder Cranberrys**

1 Den Backofen auf 180 °C Umluft vorheizen. Basiszutaten sowie die Zutaten für die gewünschte Variante bis auf Trockenfrüchte bzw. Schokolade in einer großen Schüssel vermengen. Auf zwei mit Backpapier ausgelegten Blechen verteilen und 30 Minuten im Ofen knusprig und goldbraun rösten. Währenddessen das Knuspermüsli regelmäßig wenden, damit es nicht zu dunkel wird.

2 Anschließend herausnehmen und auf dem Blech abkühlen lassen.

3 Trockenfrüchte in kleine Stücke schneiden. Müsli in ein großes Glas füllen und mit den Trockenfrüchten bzw. der Schokolade vermengen. Zum Aufbewahren luftdicht verschließen.

*SELBST GEMACHTES FRUCHTMUS

Früchte nach Wahl bei Bedarf entkernen und in Spalten schneiden. **Ca. 300 g geschnittene Früchte** in einen Topf geben, mit **70–80 ml Wasser** bedecken und so lange kochen, bis die Früchte weich sind. Anschließend sehr fein pürieren.

Tipps Knuspermüsli ist so vielseitig: Es schmeckt mit Joghurt, warmer Milch, Nuss-Schoko-Aufstrich, Früchten oder Fruchtmus, in Crêpeteig, als Kruste für einen Obst-Crumble und natürlich als Snack zwischendurch. Wir füllen es gern über Nacht mit Mandelmilch in verschließbare Gläser, stellen diese in den Kühlschrank und essen das „Übernachtungs-Knuspermüsli" am nächsten Morgen mit frischen Beeren und Nussmus.

Besonders knusprig bleibt das Müsli, wenn man es einfriert. Außerdem kann man es so im Sommer direkt aus dem Gefrierfach naschen.

Aprikose-Cashew-Zitrone

150 g Cashewkerne

je 50 g Pistazien und
Sonnenblumenkerne

je 25 g Kokoschips und
Chiasamen

2 TL fein abgeriebene Schale
einer Bio-Zitrone

1 TL gemahlene Vanille oder
Mark einer Vanilleschote

250 g Aprikosenmus
(selbst gemacht* oder aus
dem Babygläschen)

2 Handvoll getrocknete
Aprikosen

Schoko-Nuss-Zwetschge:

insgesamt 200 g grob
gehackte Haselnüsse,
Mandeln mit Haut und
Pekannüsse

70 g Sesam

30 g Mohn

6 TL SONNENTOR Schlau-
kakao Trinkschokolade,
alternativ Backkakao

nach Belieben 5 EL der 10 EL
Öl aus dem Grundrezept
durch Sesamöl ersetzen

200 g Zwetschgenmus
(selbst gemacht* oder aus
dem Babygläschen)

50 g Tahin (Sesammus)

2 Handvoll getrocknete
Zwetschgen, Kakaonibs oder
gehackte dunkle Schokolade

Weitere Varianten Ersetzt man die Getreide-flocken durch Buchweizen, entsteht automatisch eine glutenfreie Variante.

Im Handumdrehen sind **COOKIES** aus dem Müsli gezaubert: **100 g Knuspermüsli** mit **1 zerdrückten, braunen Banane** vermischen und mit einem Eisportionierer auf ein mit Backpapier ausgelegtes Blech setzen. Cookies etwas flach drücken und bei 180 °C Umluft 20 Minuten im Ofen knusprig backen.

Übernachtung im Glas

**Für 2 große und
2–3 kleine Esser**

**Zubereitungszeit:
10 Minuten
+ Ziehen über Nacht**

**180 g Haferflocken
(Feinblatt)**

400 g (pflanzlicher) Joghurt

300 ml (pflanzliche) Milch

4 TL Chiasamen

5 EL gemahlene Mandeln

1 TL gemahlener Zimt

**1 TL gemahlene Vanille oder
Mark einer Vanilleschote**

1 Mango

**125 g Karottenpüree
(selbst gemacht oder
aus dem Babygläschen)**

5 TL Honig

2 EL Mandeln

1 Karotte

1 Haferflocken, Joghurt, Milch, Chiasamen, gemahlene Mandeln und Gewürze in einer Schale vermengen.

2 Mango schälen. Das Fruchtfleisch vom Kern schneiden und fein würfeln. Einige Würfel bis zum nächsten Tag im Kühlschrank beiseitestellen. Übrige Mango mit dem Karottenpüree und dem Honig mischen.

3 Haferflocken- und Karotten-Mango-Mischung abwechselnd in 4–5 kleine Gläser schichten und über Nacht abgedeckt in den Kühlschrank stellen.

4 Am nächsten Morgen aus dem Kühlschrank nehmen. Mandeln hacken und in einer Pfanne ohne Fett rösten, bis sie duften, anschließend auskühlen lassen. Die Karotte zunächst schälen, dann mit dem Sparschäler in Streifen schneiden. Gemeinsam mit den beiseitegestellten Mangowürfeln vorsichtig auf die Haferflockenmasse setzen. Zum Abschluss mit Mandeln bestreuen und servieren.

Tipp Hat man am Morgen wenig Zeit, serviert man die Gläser gemeinsam mit den Mangowürfeln und lässt die Garnierung aus Karotten und Mandeln einfach weg.

Lila-weißer
Löffelsmoothie

1 Bananen aus dem Gefrierfach nehmen. Rote Beten schälen und in grobe Stücke schneiden. Einige Heidelbeeren zum Garnieren beiseitelegen.

2 Alle Zutaten bis auf Kefir bzw. Buttermilch und die Garnitur in einer Küchenmaschine zu einem Smoothie pürieren.

3 4–5 Gläser jeweils zur Hälfte mit dem Smoothie, anschließend mit Kefir bzw. Buttermilch auffüllen.

4 Jeweils 1 TL Nussmus auf die Smoothies geben und mit den restlichen Heidelbeeren garnieren. Smoothie sofort servieren und entweder löffeln oder trinken.

Tipp Bleibt etwas übrig, die Reste einfach in eine Eiswürfelform füllen, einfrieren und die Kinder an heißen Tagen mit kleinen erfrischenden **EISDROPS** überraschen (siehe Foto S. 178.)

**Für 2 große und
2–3 kleine Esser**

**Zubereitungszeit:
10 Minuten**

**3 Bananen, am Vortag
in Scheiben geschnitten
und eingefroren**

200 g Rote Beten

200 g Heidelbeeren (TK)

**fein abgeriebene Schale
einer Bio-Orange**

4 Medjoul-Datteln ohne Stein

300 ml (pflanzliche) Milch

1 EL Backkakao

1 TL gemahlener Zimt

**1 EL Nussmus (S. 28)
plus 5 TL zum Beträufeln**

**500 ml Kefir oder
Buttermilch**

Frühstück am Wochenende – Fast wie im Urlaub

Zwei Dinge, die Eltern im Urlaub im Hotel lieben:

1. Das Frühstücksbüfett.

2. Nach dem Frühstück das Chaos nicht selbst aufräumen zu müssen!

Ein eigenes kleines Frühstücksparadies kann man sich als Baukasten auch in den Familienalltag holen – am Wochenende, wenn nicht alle schnell aus dem Haus müssen. Dazu die Küchenarbeitsplatte oder den Familientisch mit braunem Packpapier in eine Frühstücksbar verwandeln und eine Auswahl der folgenden Köstlichkeiten als Baukasten darauf verteilen:

— Getreideflocken oder Knuspermüsli

— (pflanzliche) Milchprodukte wie Joghurt, Milch, Kefir, Sauer- oder Buttermilch

— frische Beeren, cremiges Beerenkompott, pürierte Früchte, Fruchtmus oder einen Salat aus Lieblingsobst mit etwas Zitronenverbene

— Nüsse oder Buchweizen, in einer Pfanne ohne Fett goldbraun geröstet

— Kerne wie Sonnenblumen- und Kürbiskerne oder Samen wie Chia-, Lein- und Sesamsamen

— Nussmus oder Nuss-Schoko-Aufstrich

— Buchweizendalken mit Vanillejoghurt, mit Honig gesüßten Beeren, gebratener und in Honig karamellisierter Banane oder Zwetschgenmarmelade

— belegte Während-du-schläfst-Brötchen mit Schnittkäse, Schinken, Hummus, Gurkenscheiben, Kresse und Schnittlauch, süßsauer eingelegtem Gemüse und Spiegeleiern

Dazu ausreichend große und kleine Löffel, Schalen und Teller bereitstellen und gemeinsam genießen.

Getreideflocken, Nüsse, Kerne und Samen fülle ich bereits nach dem Einkauf in große Vorratsgläser und beschrifte sie mit weißem Kreidemarker. So können sie direkt auf den Tisch wandern. (Pflanzliche) Milchprodukte werden in eine Glaskaraffe gefüllt oder gleich in Gläsern gekauft. Bei den fruchtigen Komponenten lässt man sich am besten von der Saison inspirieren: Ist es draußen warm, gibt es pürierte Pfirsiche und frische Beeren mit Zitronenzesten, wollen wir es uns drinnen gemütlich machen, servieren wir Apfel- oder Birnenmus mit Zimt und Kardamom oder Quittenkompott. Immer schmeckt ein cremiges Kompott aus (TK-)Beeren, gekocht mit etwas Wasser und Honig.

Das Prinzip des Familienessens als Baukasten lässt sich übrigens nicht nur auf das Frühstück, sondern auch auf viele andere Familienmahlzeiten anwenden. Durch die große und getrennt angebotene Auswahl können sich alle ihr individuelles Essen zusammenstellen. „Niemand muss, jeder kann" bedeutet viel weniger Gemecker am Familientisch.

Alles Tomate

Im Spätsommer, wenn sich die Pflanzen und Kisten auf dem Markt unter der Last der Früchte biegen, ist der richtige Zeitpunkt, die zuckersüß-saftige Tomate zu zelebrieren.

Die Kinder pflücken draußen im Garten große rote und kleine orange-gelbe Tomaten. Auch in den Geschäften gibt es reichlich Nachschub. Im August und September bekommt man auch im Supermarkt regionale Tomaten voller Geschmack.

Wir überlegen, welche Köstlichkeiten aus der Ernte gezaubert werden sollen: „Tomatensoße zu den Spaghetti und Ketchup für die Geburtstagsparty am Wochenende!", höre ich die Kinder sehr einig rufen. Ich wünsche mir Tomaten in einer Kräutermarinade aus dem Ofen mit Ricotta und knusprigem Olivenbaguette.

Schon duftet das ganze Haus. Vorsichtig werden Soße und Ketchup in Gläser gefüllt. Im Ofen blubbern die Ochsenherztomaten, darauf zischen kleine süße Marzanos, der Ricotta beginnt sich gerade goldbraun zu färben. Gegessen wird draußen, gleich neben dem Tomatenbeet.

Tomaten-Spitzpaprika-
Ketchup

1 Den Backofen auf 180 °C Umluft vorheizen. Tomaten vom Strunk, Paprika vom Kerngehäuse befreien. Beides in grobe Stücke schneiden. Zwiebel, Knoblauch und Ingwer schälen und in Scheiben schneiden. Chilischote nach Wunsch entkernen (mit Kernen wird es schärfer) und hacken. Thymianblättchen von den Zweigen zupfen.

2 Vorbereitete Zutaten auf einem mit Backpapier ausgelegten Blech verteilen und mit Olivenöl, Kokosblütensirup, 1 gehäuftem TL Salz und ½ TL Pfeffer marinieren. 40 Minuten im Ofen garen.

3 Tomatenmark mit Essig, Curry, Paprikapulver und Zimt verrühren. Mit den Tomaten und Paprika aus dem Ofen in einen hohen Topf füllen und mit Wasser nach Bedarf (250–500 ml) zu glattem Ketchup pürieren.

4 Topf auf den Herd stellen. Ketchup nochmals aufkochen und mit Salz und Pfeffer abschmecken.

5 Das Ketchup noch heiß mithilfe eines Trichters in ausgekochte Bügelflaschen füllen und im Kühlschrank lagern. Hält mindestens 2 Wochen.

Tipp Schmeckt Großen wunderbar mit Tortillachips zum Aperitif und passt herrlich zu den Zucchinisticks mit Sonnenblumenkernkruste.

**Für 3 Flaschen
(à ca. 250 ml)**

**Zubereitungszeit:
20 Minuten
+ 40 Minuten Backzeit**

700 g bunte Cocktailtomaten

300 g rote Spitzpaprika

1 rote Zwiebel

2 Knoblauchzehen

1 Stück Ingwer (4 cm)

½ rote Chilischote

1 Bund Thymian

3 EL Olivenöl

50 g Kokosblütensirup

**Salz und frisch
gemahlener Pfeffer**

80 g Tomatenmark

50 ml heller Balsamicoessig

2 TL SONNENTOR Curry süß

1 gestrichener TL Paprikapulver (edelsüß)

½ TL gemahlener Zimt

Sonnenwarme Tomatenausbeute

Sommertomaten-Soße

**Für 1,2 l Tomatensoße oder
2 Familienmahlzeiten**

**Zubereitungszeit:
1 Stunde
+ mind. 1 Stunde Einkochzeit**

2 kg Fleischtomaten

**1 Handvoll Kräuterzweige,
z.B. Oregano, Basilikum,
Thymian, Rosmarin**

**grobes Salz und frisch
gemahlener Pfeffer**

**7 EL Olivenöl
plus mehr zum Bedecken**

500 g Zwiebeln

6 Knoblauchzehen

1 Tomaten auf der dem Strunk entgegengesetzten Seite mit einem scharfen Messer kreuzweise einschneiden. Wasser in einem großen Topf zum Kochen bringen und die Tomaten so lange einlegen, bis die Haut aufplatzt und sich zu lösen beginnt. Tomaten kalt abschrecken, Haut abziehen, Strunk entfernen und das Fruchtfleisch in grobe Stücke schneiden.

2 Kräuterblättchen abzupfen. Mit 2 TL Salz und 1 TL Olivenöl in einem Mörser zu einer Paste zerstoßen. (Alternativ ganz fein hacken und mit Salz und Olivenöl vermengen.)

3 Zwiebeln schälen und in kleine Würfel, Knoblauch schälen und in feine Scheiben schneiden.

4 Übriges Olivenöl in einem großen Topf erhitzen, Zwiebeln und Knoblauch darin goldbraun anbraten. Die Hitze reduzieren und alles noch etwas weitergaren, damit die Zwiebeln ihren süßen Geschmack entfalten können, aber nicht zu dunkel werden.

5 Kräuterpaste und Tomaten in die Pfanne geben und bei halb geöffnetem Deckel auf mittlerer Hitze mindestens 1 Stunde einkochen. Immer wieder umrühren.

6 Sollte am Ende zu viel Flüssigkeit verkocht sein, etwas Wasser und Olivenöl dazugeben. Nicht zu fein pürieren, anschließend mit Salz und Pfeffer abschmecken. In saubere Gläser füllen, mit etwas Olivenöl bedecken und im Kühlschrank maximal 1 ½ Wochen aufbewahren.

Tipps Ganz klassisch zur Vollkornpasta – mit oder ohne Rindfleisch-Linsen-Bällchen – servieren oder mit etwas Kokosmilch, Gemüsefond und einem kleinen Löffel Honig, Salz und Pfeffer zu einer cremigen Suppe pürieren. Herrlich schmeckt die selbst gemachte, dick eingekochte Tomatensoße auch zu mit Käse überbackenen Polentaschnitten.

MEAL PREP

Extra Die Tomatensoße ist auch perfekt für **PIZZA.** Für Vollkorn-Pizzateig am Vorabend **½ Würfel frische Hefe** in **350 ml lauwarmem Wasser** auflösen. Hefewasser, **1 TL Salz, 500 g Dinkelvollkornmeh**l und **2 EL Olivenöl** 5 Minuten zu einem glatten Teig kneten. Mit etwas Mehl bestäuben und 10 Minuten bei Zimmertemperatur abgedeckt gehen lassen. Über Nacht abgedeckt im Kühlschrank ruhen lassen. Am nächsten Tag 15 Minuten vor der Verwendung aus dem Kühlschrank nehmen. Anschließend halbieren, zu Kugeln formen und rund ausrollen. Mit Tomatensoße bestreichen, nach Belieben belegen und bei 250 °C Umluft ca. 10 Minuten auf der untersten Schiene im Ofen backen.

Ofentomaten
mit Ricotta

1 Den Backofen auf 180 °C Umluft vorheizen. Kräuterblätter abzupfen. Etwas Basilikum zum Garnieren beiseitestellen, übrige Kräuter hacken. Knoblauch schälen und in feine Scheiben schneiden. Kräuter und Knoblauch mit Olivenöl, Salz und Pfeffer zu einer Marinade verrühren.

2 Große Tomaten vom Strunk befreien und halbieren und gemeinsam mit den Cocktailtomaten in eine mit Olivenöl ausgestrichene Auflaufform geben. Ricotta direkt aus der Packung zwischen die Tomaten stürzen. (Tipp: Ricotta mit einem Buttermesser vom Verpackungsrand lösen, dann lässt er sich einfacher stürzen.)

3 Alles großzügig mit der vorbereiteten Marinade übergießen, nochmals salzen und pfeffern. 40 Minuten im Ofen backen, während der letzten 10 Minuten die Grillfunktion zuschalten.

4 Pistazien hacken. Auflaufform aus dem Ofen nehmen, beiseitegestelltes Basilikum und Pistazien über Tomaten und Ricotta streuen und servieren. Tomatensaft und den cremigen Ricotta mit dem knusprigen Olivenbaguette direkt aus der Auflaufform dippen.

Tipps Bleibt etwas übrig, wandern die Reste gemeinsam mit Vollkornpasta, Quinoa oder Hirse am nächsten Tag auf den Familientisch.

Statt Olivenbaguette passen auch die Scones mit Oliven und Mohn sehr gut zu diesem Gericht.

**Für 2 große und
2–3 kleine Esser**

**Zubereitungszeit:
15 Minuten
+ 40 Minuten Backzeit**

1 Bund Basilikum

**½ Handvoll Kräuterzweige,
z.B. Oregano, Thymian,
Rosmarin, Salbei**

2 Knoblauchzehen

**8 EL Olivenöl plus mehr
für die Auflaufform**

**Salz und frisch
gemahlener Pfeffer**

**1,3 kg Tomaten
(eine Mischung aus Ochsenherz- und bunten Cocktailtomaten)**

500 g Ricotta

2 EL Pistazien

**Olivenbaguette
zum Servieren**

Draußen tafeln, Soße tunken und Finger abschlecken.

Kleine Mahlzeiten

Kleine Mahlzeiten rund um die Uhr für Zuhause oder zum Mitnehmen sind überlebensnotwendig für Eltern. Die Suppe zum schnellen Aufwärmen, Salate, die richtig satt machen, oder Fingerfood, für das man kein Besteck braucht. In größerer Menge hergestellt, kann man damit sogar Freunde beeindrucken, die spontan vor der Tür stehen.

Mit den Rezepten lässt sich im Handumdrehen eine Picknickdecke füllen – und natürlich die Lunchbox für Groß und Klein. Zwei Dinge haben alle Rezepte gemeinsam: wenig Aufwand und maximales Vergnügen beim Essen.

Der Snack-baukasten

Ich finde aufwendig gepackte Brotdosen sehr beeindruckend. Für mich sind sie aber oft weitab jeglicher Elternrealität. Aus diesem Grund gibt es hier kleine Rezepte, die sich im Alltag schnell zubereiten lassen und zusätzliche Ideen, womit man die Brotdosen der Kinder bestücken kann.

Dabei kommt wieder der Baukasten zur Anwendung: Alle suchen sich aus den Baukasten-Schubladen etwas aus oder ergänzen die Anregungen durch eigene Vorlieben. Fertig ist ein abwechslungsreiches Essen zum Mitnehmen. Vieles kannst du auch fertig kaufen, am besten in Bio-Qualität. Das machen auch wir in stressigen Zeiten so – genauer gesagt, mein Mann. Er ist in unserer Familie der Snackverantwortliche. Als Inspiration hängt die Liste mit dem Snackbaukasten an der Innenseite des Küchenschranks, in dem wir unsere Brotdosen aufbewahren. So können alle Wünsche äußern, was wieder mal dran sein soll.

Getreide

— Topfbrot

— Während-du-schläfst-Brötchen

— Scones mit Oliven und Mohn

— Pfannen-Fladenbrot

— Popcorn-Saaten-Cracker

— Haferflocken-Muffins

— Knuspermüsli und Knuspermüsli-Cookies

— Grissini

— Knusperwaffel aus Dinkel, Amarant oder Buchweizen

— Vollkorntoast

— Laugenbrezel

Sattmacher

— Hummus von der grünen Erbse und weißen Bohne

— Umami-Erbsen-Knusper

— Löffelsmoothie

— Buttermilch mit Johannisbeeren

— Joghurt mit Fruchtmus

— hart gekochtes Ei

— kleine Mozzarellabällchen

— Käsewürfel

— geräucherter Tofu in Würfeln

— Räucherfisch

— Hartwurst

— Frischkäse

Energie-Booster

— Knusper

— Nussmus

— Nuss-Schoko-Aufstrich

— Dattel-Kürbis-Karamell

— Nüsse und Samen

— halbierte und entsteinte Avocado (mit Löffel)

— Butter

Vitamine

— Allerlei am Spieß

— Salatrollen-Picknick

— Rohkost

— Obst

— Beeren

Süße Überraschung

— Energiekugeln

— Trockenfrüchte

— Datteln gefüllt mit Marzipan, Nussmus oder Nuss-Schoko-Aufstrich

Reste als perfekte Snacks

Bleibt vom Frühstück, Mittag- oder Abendessen etwas übrig, hüpfen die Reste am nächsten Tag in die Brotdose. Besonders geeignet dafür: Buchweizendalken, Kuchen (z.B. Apfel-Dattelkaramell-Kuchen oder Piña-Colada-Kuchen), Muffins, (z.B. Haferflocken- oder Aprikosen-Kürbis-Muffins), Pizza (bianca), Gemüse- oder Fleischbällchen (z.B. Rindfleisch-Linsen-Bällchen). Somit noch ein Grund, immer gleich die doppelte Menge zu kochen.

Essen zum Mitnehmen

Nicht nur das Essen selbst, auch die Verpackung ist wichtig. Mir ist es ein Herzensanliegen, Snacks nicht in Alu- oder Frischhaltefolie einzupacken. Es gibt so viele Alternativen:

— Edelstahldose mit Unterteilungen

— mehrere kleine, verschließbaren Dosen, die in eine große Dose passen – durcheinandergewürfeltes Essen schmeckt nicht

— Emaillegeschirr mit Metallspangen

— Gläser, Konservengläser oder Milchflaschen aus Glas (eventuell mit Schutzhülle)

— Edelstahl-Trinkflaschen

— wiederverwendbare Quetschies aus Silikon

— Bienenwachstücher

Scones mit Oliven und Mohn

Für 8 Stück

**Zubereitungszeit:
15 Minuten
+ 25 Minuten Backzeit**

**180 g Hartkäse (würzig)
oder Gouda (mild)**

**100 g gemischte,
entkernte Oliven**

3–4 Zweige Thymian

100 g kalte Butter

400 g Dinkelvollkornmehl

1 TL Natron

1 gestrichener TL Salz

3 EL Mohn

200 ml (pflanzliche) Milch

1 Eigelb

1 Den Backofen auf 200 °C Umluft vorheizen. Käse grob reiben, ein wenig davon zum Bestreuen beiseitestellen. Oliven in grobe Stücke hacken, Thymianblättchen von den Zweigen zupfen.

2 Butter auf der groben Seite der Vierkantreibe in eine große Schüssel reiben oder in sehr kleine Würfel schneiden. Mehl, Natron und Salz hinzugeben und mit den Händen zu Bröseln verkneten. Käse, Oliven, Thymian und Mohn mit einer großen Gabel unter die Teigbrösel heben. Milch dazugießen und mit der Gabel nur kurz einarbeiten, sodass die bröselige Konsistenz erhalten bleibt.

3 Teig mit den Händen in der Schüssel zu einer Kugel formen und auf ein mit Backpapier ausgelegtes Blech setzen. Mit den Handballen zu einem ca. 20 cm großen flachen Kreis drücken und in 8 Tortenstücke schneiden. Die Stücke etwas auseinanderschieben, da sie beim Backen aufgehen.

4 Eigelb verquirlen und auf die Scones streichen. Anschließend mit dem beiseitegestellten Käse bestreuen. 20–25 Minuten im Ofen goldbraun backen, anschließend herausnehmen und etwas abkühlen lassen.

Tipp Bestrichen mit etwas Butter, Frischkäse, Chutney, Zwetschgenmarmelade oder Dattel-Kürbis-Karamell schmecken die Scones noch warm am besten. Aber auch abgekühlt halten sie ihre feinblättrige Konsistenz.

Variante Ich mische anstelle von Oliven, Thymian und Mohn auch gern getrocknete Tomaten, Mozzarella und Basilikum oder in Honig karamellisierte Frühlingszwiebeln, Parmesan und Rosmarin unter den Teig.

Popcorn-Saaten-Cracker

Für 1 großes Vorratsglas

Zubereitungszeit:
15 Minuten
+ 1 Stunde Ruhen
+ 1 Stunde Backzeit

250 g geschrotete
Leinsamen

100 g Kürbiskerne

100 g Sonnenblumenkerne

50 g Sesam

3 EL Popcornmais

3 EL neutrales Öl

Fleur de Sel oder grobes Salz

1 Leinsamen, Kürbis- und Sonnenblumenkerne sowie Sesam mit 350 ml Wasser in einer Schüssel vermischen und abgedeckt 1 Stunde ruhen lassen.

2 Währenddessen Popcornmais und Öl in einen großen Topf geben, Deckel schließen, den Topf bei mittlerer Temperatur auf den Herd stellen und warten, bis der Mais zu platzen beginnt. Dabei den Topf immer wieder rütteln, damit alle Maiskörner aufpoppen. Von der heißen Herdplatte nehmen, Popcorn nach Geschmack mit Fleur de Sel würzen, wieder abdecken und den Topf einmal kräftig schütteln, damit sich das Salz gleichmäßig verteilen kann. Das Popcorn anschließend etwas abkühlen lassen, mit einem Brotmesser grob hacken und beiseitestellen.

3 Den Backofen auf 125 °C Umluft vorheizen. Zwei Bleche mit Backpapier auslegen. Die Saatenmasse nach der Ruhezeit mit einer großen Gabel nochmals kräftig durchmischen und auf den Blechen verteilen. Jeweils gleichmäßig verstreichen, einen weiteren Bogen Backpapier darauflegen und mit dem Boden eines schweren Topfes zu einer möglichst dünnen Schicht drücken. Das obere Backpapier abziehen und die Masse gleichmäßig mit Popcorn und Salz bestreuen. Backpapier nochmals darauflegen, erneut mit dem Topfboden andrücken, danach das Backpapier wieder abziehen.

4 Beide Bleche in den Ofen schieben, dabei einen Kochlöffel aus Holz so in die Ofentür klemmen, dass sie einen Spalt geöffnet bleibt und die Feuchtigkeit austreten kann. Nach 1 Stunde sollte die Masse trocken und knusprig sein. Andernfalls noch etwas länger backen.

5 Die abgekühlte Saatenmasse in Stücke brechen und am besten mit Hummus servieren.

Popcorn-Varianten zum Naschen:

— süß mit Backkakao, etwas Vanille- oder Kokosblütenzucker und 1 Prise Salz

— würzig mit einer Mischung aus fein geriebenem
Parmesan, Salz und gehacktem Thymian oder Rosmarin

— feurig mit in Olivenöl glasig gebratener gehack-
ter Chilischote und Knoblauch, die dann mit fein
abgeriebener Zitronenschale über dem gesalzenen
Popcorn verteilt werden

— oder teste dich durch die SONNENTOR Würz
dich um die Welt Probier mal! Gewürzmischungen,
um Popcorn den besonderen Pfiff zu verleihen

Dreierlei Haferflocken-
Muffins

Für 12 Muffins
(4 pro Variante)

Zubereitungszeit:
40 Minuten
+ 40 Minuten Backzeit

Grundteig

4 Eier

300 g Haferflocken
(Feinblatt)

300 ml (pflanzliche) Milch

2 TL Natron

140 g Honig

1 Prise Salz

neutrales Öl

Orange-Thymian

1 Bio-Orange

1 EL frische Thymianblätter

30 g Pistazien

10 g Mohn

1 Den Backofen auf 180 °C Umluft vorheizen. Für den Grundteig Eier, Haferflocken, Milch, Natron, Honig und Salz in einer Schüssel mit einer großen Gabel vermengen. Anschließend auf drei kleinere Schüsseln aufteilen.

2 Für Orangen-Thymian-Muffins die Schale der Orange fein abreiben. Orange danach mit einem kleinen Messer schälen, dabei auch die weiße Haut entfernen. Orangenfilets auslösen und in kleine Stücke schneiden. Abgeriebene Schale und Filets mit den anderen Zutaten unter die Grundmasse in einer Schüssel rühren.

3 Für Kürbis-Rosmarin-Muffins den Kürbis raspeln und mit der Butter in einer Pfanne weich braten. Gemeinsam mit den anderen Zutaten unter die Grundmasse in der zweiten Schüssel rühren.

4 Für Erdbeer-Lavendel-Muffins die Erdbeeren putzen und mit einer großen Gabel auf einem Teller zerdrücken. Schokolade und Mandeln grob hacken. Gemeinsam mit den anderen Zutaten unter die Grundmasse in der dritten Schüssel rühren.

5 12 Muffinförmchen aus Papier mit Öl ausstreichen und in ein Muffinblech setzen. Je 4 Förmchen mit je 3 EL einer Variante füllen. Muffins ca. 40 Minuten backen, dann aus dem Ofen nehmen.

6 Etwas abkühlen lassen, anschließend aus den Förmchen lösen.

Kürbis-Rosmarin

70 g Kürbisfruchtfleisch
(am besten Butternuss
oder Hokkaido)

1 TL Butter

1 gestrichener TL
SONNENTOR Lebkuchen-
gewürz

¼ TL Rosmarinnadeln

30 g Pekannüsse

Erdbeer-Lavendel

125 g Erdbeeren

30 g weiße Schokolade

30 g Mandeln

½ TL SONNENTOR
Lavendelblüten lose

6 TL gepuffte Quinoa

Tipps Muffins pur, mit etwas Joghurt, Fruchtmus, Dattel-Kürbis-Karamell oder Nuss-Schoko-Aufstrich naschen.

Natürlich kann man auch nur eine Variante der Muffins zubereiten. Dafür die Menge für die Grundmasse bei-behalten und die Menge der Zutaten für eine Variante verdreifachen. Bei den Geschmacksrichtungen kann je nach Inhalt von Kühl- oder Vorratsschrank variiert werden.

Umami-Erbsen-Knusper

Für 1 Schüssel

**Zubereitungszeit:
45 Minuten
inkl. 40 Minuten Backzeit**

**250 g aufgetaute
Erbsen (TK)**

2 EL Olivenöl

2 TL Maisstärke

**1 Handvoll frische Kräuter,
z.B. Minze, Petersilie, Kresse**

½ Chilischote (optional)

**½ TL Paprikapulver
(geräuchert oder edelsüß)**

½ TL gemahlener Koriander

**1 Prise gemahlener
Kreuzkümmel**

1 Prise gemahlener Zimt

**fein abgeriebene Schale
einer Bio-Zitrone**

**Salz und frisch
gemahlener Pfeffer**

1 Den Backofen auf 180 °C Umluft vorheizen. Erbsen und Olivenöl in einer Schüssel schwenken. Maisstärke darüberstreuen und nochmals schwenken. Anschließend auf einem mit Backpapier ausgelegten Blech verteilen und 30–40 Minuten im Ofen goldbraun backen. Die Erbsen während des Backens immer wieder wenden, damit sie nicht zu dunkel werden.

2 In der Zwischenzeit die Kräuterblättchen abzupfen und fein hacken. Chilischote entkernen und in feine Würfel schneiden. Beides mit den Gewürzen und der Zitronenschale in der zuvor verwendeten Schüssel vermengen. Kräftig salzen und pfeffern.

3 Erbsen aus dem Ofen nehmen, mithilfe des Backpapiers in die Schüssel mit der Würzmischung gleiten lassen und gut damit ummanteln. Eventuell noch etwas nachsalzen.

Tipps Der Begriff umami stammt aus dem Japanischen und bedeutet „herzhafte Köstlichkeit". Es ist die fünfte Geschmacksrichtung, die die anderen Geschmäcker süß, salzig, bitter und sauer ergänzt, verstärkt und gleichzeitig harmonisiert. Genauso schmecken die kleinen Knusper-Erbsen – eine Geschmacksexplosion im Mund!

Die Erbsen machen sich nicht nur großartig als Fingerfood to-go, sondern können auch gut als Snack bei einem Familienfilmabend gemeinsam auf dem Sofa geknuspert werden.

Allerlei am Spieß

Für jeweils 10 Spieße

**Zubereitungszeit:
je 10 Minuten**

Mandarine, Feta und Minze

**150 g Feta oder
20 eingelegte Fetawürfel
(Glas)**

1 Mandarine

10 Minzblätter

Feta bei Bedarf in 20 Würfel schneiden. Mandarine schälen, quer halbieren und in Stücke teilen. Je 1 Mandarinenstück, 2 Fetawürfel und 1 Blatt Minze auf Zahnstocher spießen.

Erdbeere, Gouda und Basilikum

150 g (Ziegen-)Gouda

250 g Erdbeeren

10 Basilikumblätter

Gouda in ca. 1 ½ cm große Würfel schneiden. Erdbeeren putzen und halbieren. Käse, halbierte Erdbeeren und Basilikumblätter auf Zahnstocher spießen.

Blauschimmelkäse, Rosine und Pekannuss

150 g Blauschimmelkäse

1 Handvoll Pekannüsse

1 Handvoll Rosinen

Blauschimmelkäse in kleine Tortenstücke schneiden. Pekannüsse fein hacken und in einer Pfanne ohne Öl so lange rösten, bis sie duften. Blauschimmelkäse und jeweils 3–4 Rosinen auf Zahnstocher spießen und in den Nüssen wälzen.

Dattel, Stangensellerie und Erdnuss

**1 Handvoll Erdnüsse,
geröstet und gesalzen**

2 Stangen Sellerie mit Grün

**10 Medjoul-Datteln
ohne Stein**

70 g Erdnussmus (Glas)

Erdnüsse fein hacken. Sellerie in 4 cm lange Stücke schneiden. Datteln längs einschneiden, mit Selleriestücken füllen und mit Zahnstochern fixieren. Gefüllte Datteln in Erdnussmus tauchen und mit gehackten Erdnüssen bestreuen.

Schokolade fein reiben und mit den Kokosraspeln in eine Schüssel geben. Bananen schälen und in 4 cm lange Stücke schneiden. Bananenstücke mit Nussöl oder Saft beträufeln, in der Schoko-Kokosraspel-Mischung wälzen und auf Zahnstocher spießen.

Tipp Gut schmecken die Spießzutaten auch auf Crostini – im Ofen mit Olivenöl kross gebackenen, kleinen Brotscheiben.

<u>Banane, Kokos und Schokolade</u>

30 g dunkle Schokolade

30 g Kokosraspel

2–3 Bananen

etwas Nussöl oder Fruchtsaft

Knusper in drei Varianten

Für jeweils 1 Vorratsglas

Zubereitungszeit:
**10 Minuten
+ 30 Minuten Backzeit**

Macadamia-Sesam-Hirse

**100 g grob gehackte
Macadamianüsse**

50 g Sesam

**50 g Braunhirse
oder Leinsamen**

**2 TL SONNENTOR Schlau-
kakao Trinkschokolade,
alternativ Backkakao für
Kinder, gemahlene Kaffee-
bohnen für Erwachsene**

2 EL Kokosblütensirup

1 TL Nussöl

Pistazie-Kürbiskern-Amarant

100 g Pistazien

50 g Kürbiskerne

50 g gepuffter Amarant

**1–2 TL SONNENTOR
Lebkuchengewürz**

2 EL Kokosblütensirup

1 TL Nussöl

1 Den Backofen auf 160 °C Umluft vorheizen. Alle Zutaten für die jeweilige Variante in einer Schüssel vermengen. Auf je einem mit Backpapier ausgelegten Blech verteilen und 30 Minuten im Ofen backen. Dabei immer wieder wenden, damit der Knusper nicht zu dunkel wird.

2 Aus dem Ofen nehmen, abkühlen lassen und in luftdicht verschlossenen Gläsern kühl aufbewahren.

Tipps Diese leicht süßen Knuspervarianten serviere ich den Kindern anstelle von gekauften Süßigkeiten oder habe sie in einer kleinen Schüssel neben meinem Laptop stehen – wenn der kleine Hunger kommt, wird geknabbert.

Der Knusper lässt sich gut als Snack mitnehmen, auf geschmolzenem Camembert mit Chutney genießen oder im Adventskalender verstecken. Ich streue ihn auf Smoothies, selbst gemachtes Eis oder stelle mit Joghurt und pürierten Früchten „Frozen Yoghurt" am Stiel daraus her. Man kann ihn auch wie Granola zum Frühstück servieren.

Weitere Varianten Mit Chiasamen vermischt wird daraus ein cremig-knuspriger **PUDDING OHNE KOCHEN: 2 EL Knusper** und **2 EL Chiasamen** mit **250 ml (pflanzlicher) Milch** bedecken, einmal umrühren und mindestens 30 Minuten ziehen lassen oder über Nacht in den Kühlschrank stellen. Darauf eine Schicht pürierte Früchte geben, noch etwas Knusper daraufstreuen und schon hat man ein köstliches Frühstück oder Dessert.

Die Zutaten und Gewürzmischungen können je nach Füllung des Vorratsschrankes abgewandelt werden. Wichtig ist, dass das Verhältnis in etwa beibehalten wird. Also gern experimentieren!

Buchweizen-Cashew-Chia-Kokos

50 g Buchweizen

50 g Cashewkerne

50 g Chiasamen

50 g Kokoschips

2 TL SONNENTOR Kurkuma Latte Vanille, alternativ gemahlene Kurkuma

2 EL Kokosblütensirup

1 TL Nussöl

Die entspannte Keine-Extrawurst-Küche

Die Frage, die mir am häufigsten gestellt wird, lautet: „Wie macht ihr es, dass eure Kinder alles essen?"

Die Wahrheit ist: Auch unsere Kinder essen nicht immer alles. Ich finde das jedoch gar nicht schlimm, sondern versuche mit möglichst viel Gelassenheit zu reagieren – oder gerade eben nicht zu reagieren. Für uns ist es mittlerweile selbstverständlich, Obst- oder Gemüsesorten nicht vom Familienspeiseplan zu streichen, nur weil sie einmal abgelehnt wurden. Stattdessen bieten wir den Kindern durch verschiedene Komponenten, die separat auf dem Tisch stehen, Alternativen bei den Mahlzeiten an – was sie mögen, wird gegessen, anderes nicht. Das ist für keinen von uns ein Drama. Wir verzichten auf gesüßte Getränke und Süßes als Belohnung, aber es gibt einen Naschvorrat mit gesunden, meist selbst gemachten Kleinigkeiten für Zwischendurch.

Was wir jedoch nicht vergessen sollten: Kinder sind wie wir Erwachsene Gewohnheitstiere. An kulinarisch Neues muss sich unser Gaumen erst einmal gewöhnen. Als ich das erst Mal Sushi gegessen habe, war ich nicht gerade begeistert – und ich bin schon „groß". Erst als ich es immer wieder probiert habe, hat es mir irgendwann so gut geschmeckt, dass mir der Verzicht während meiner drei Schwangerschaften richtig schwer gefallen ist. Also nicht aufgeben, sondern mit viel Geduld schon den Kleinsten zeigen, wie viel Spaß es macht, neue Geschmäcker zu entdecken.

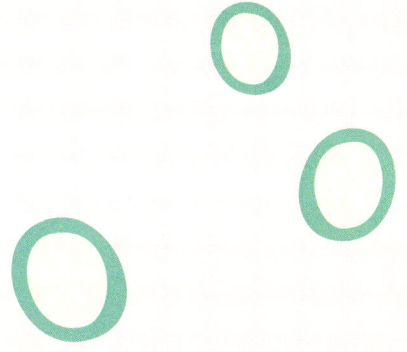

Geheimnisse rund um entspanntes Familienessen

— Ich koche sehr abwechslungsreich und lasse mich vom saisonalen Angebot inspirieren. So kommt keine Langeweile auf.

— Geschmacksrichtungen, die vermeintlich bei Kindern nichts zu suchen haben und abseits von „süß" liegen – Parmesan, Oliven, Fisch, Kapern, Gewürze und frische Kräuter, Chili, Knoblauch, Zwiebel –, baue ich bewusst in kleineren Mengen in unsere Familiengerichte ein. Schon im Beikostalter, in dem sie in der Regel sehr probierfreudig sind, kann man Kinder an neue Geschmacksrichtungen gewöhnen. So besteht der Familientisch dann nicht irgendwann nur noch aus Butterkäse, Fleischwurst und Brot.

— Gemüse und Obst wird in unterschiedlichsten Kombinationen und Konsistenzen – roh, gekocht, püriert, gebraten, gefroren, in Scheiben, Sticks oder Spaghetti geschnitten – angeboten und das nicht nur einmal, sondern immer wieder. Manchmal braucht es viel Geduld, doch ebenso oft ist man überrascht, wie schnell es klappt.

— Richtig Spaß macht gutes Essen nur, wenn man es authentisch lebt, alle eingebunden sind und sich Zeit dafür nehmen. Wir versammeln uns so oft wie möglich rund um den Tisch und essen gemeinsam. So wird das Familienessen zu einem wunderschönen Ritual, auf das sich alle freuen.

Essen ist so viel mehr als Nahrungsaufnahme – erobern wir es uns als Familie wieder zurück und lassen nicht die Lebensmittelindustrie für uns „kochen"!

73

Ofenkürbis-Suppe
mit knusprigen Kichererbsen

**Für 2 große und
2–3 kleine Esser
+ ein zweites Ma(h)l**

**Zubereitungszeit:
1 Stunde**

**1 großer Butternuss-
oder Hokkaidokürbis
(benötigt werden 1 ½ kg
Kürbisfruchtfleisch)**

2 rote Zwiebeln

1 Knolle Bio-Knoblauch

1 Stück Ingwer (4 cm)

½ rote Chilischote

**5 EL Olivenöl
plus mehr bei Bedarf**

2 EL Honig

**5 TL SONNENTOR Shantis
Tandoori Masala, alternativ
je 1 TL gemahlener Zimt,
Kreuzkümmel, Koriander,
Kardamom und Paprika-
pulver (edelsüß)**

**Salz und frisch
gemahlener Pfeffer**

400 g Tomaten (Dose)

400 g Kokosmilch (Dose)

1 Den Backofen auf 180 °C Umluft vorheizen. Kürbis bei Bedarf schälen, anschließend halbieren, die Kerne mit einem Löffel auskratzen und das Fruchtfleisch in fingerdicke Scheiben schneiden. Zwiebeln schälen und vierteln. Knoblauchknolle quer halbieren. Ingwer schälen und in Scheiben schneiden. Alles auf einem mit Backpapier ausgelegten Blech verteilen.

2 Chilischote entkernen und fein hacken. Aus Olivenöl, Honig, der Gewürzmischung, Chili, Salz und Pfeffer eine Marinade herstellen. Über das Gemüse gießen und gut verteilen. Backblech in den Ofen schieben und das Gemüse 30–40 Minuten garen, bis der Kürbis schön weich ist. Währenddessen einmal wenden, damit die Gewürze nicht verbrennen. Bei Bedarf etwas Olivenöl nachträufeln.

3 Während der Kürbis gart, für das Topping Kürbiskerne und Leinsamen in einer Pfanne trocken rösten, bis sie duften. Anschließend hacken und mit 1 Msp. Salz vermengen. (Alternativ Kürbiskerne und Leinsamen gemeinsam mit Salz in einem Mörser zerstoßen.) Beiseitestellen.

4 Ghee bzw. Butter in einer Pfanne erhitzen und die abgeseihten Kichererbsen darin rösten, bis sie aufplatzen. Mit der Gewürzmischung bestäuben und salzen.

5 Für die Suppe Kürbis und Gewürze aus dem Ofen in einen großen Topf füllen. Knoblauch auffangen, etwas abkühlen lassen und die Knoblauchzehen mit den Fingern aus der Schale drücken. Ebenfalls in den Topf geben. Mit Tomaten, Kokosmilch und 2 Dosen Wasser (Dose von Tomaten oder Kokosmilch zum Abmessen verwenden) sehr fein pürieren. Suppe erwärmen und mit Salz und Pfeffer abschmecken.

6 Suppe in Schüsseln servieren und mit den Kernen, Kichererbsen und nach Wunsch einem großzügigen Schuss Kürbiskernöl toppen.

Topping

2 EL Kürbiskerne

2 EL Leinsamen

Salz

2 EL Ghee oder Butter

350 g Kichererbsen (Glas)

**1 gestrichener TL SONNEN-
TOR Rodriguez' Chili con Car-
ne, alternativ Paprikapulver
(geräuchert oder edelsüß)**

**1 Schuss Kürbiskernöl
(optional)**

Tipps Reste der Suppe in den kommenden Tagen anstelle der Kichererbsen mit kleinen Bällchen Büffelmozzarella servieren. Sie zergehen beim Essen schön in der heißen Suppe.

Diese und die folgenden Suppen sind ganz schnell zubereitet, lassen sich wunderbar am Wochenende vorkochen, einfrieren und während der Woche aufwärmen (nach dem Aufwärmen nochmals kurz durchpürieren).

Suppen für kleinere Kinder am besten in einer Tasse oder einem Glas zum Trinken servieren.

Variante Im Sommer ersetze ich den Kürbis gern durch 1–1,2 kg frische Cocktailtomaten (Dosentomaten dann weglassen). Statt Kichererbsen eignet sich auch ein Klecks griechischer Joghurt als Topping. Die Ofentomaten-Suppe kann an besonders heißen Tagen auch kühlschrankkalt auf den Familientisch kommen.

Esskastaniensuppe
mit krossen Pflaumen

**Für 2 große und
2–3 kleine Esser**

**Zubereitungszeit:
30 Minuten**

20 Salbeiblätter

10 Trockenpflaumen

10 Scheiben Räucherspeck

1 EL Olivenöl

1 große Zwiebel

1 EL Ghee oder Butter

**400 g vorgegarte
Esskastanien**

1 l Gemüsefond*

200 ml (pflanzliche) Milch

**Salz und frisch
gemahlener Pfeffer**

**1 Bund Liebstöckel
oder Petersilie**

1 Den Backofen auf 200 °C Umluft vorheizen. Je 1 Salbeiblatt und 1 Trockenpflaume in 1 Scheibe Speck einwickeln. Auf einem mit Backpapier ausgelegten Blech 15–20 Minuten im Ofen kross werden lassen.

2 Währenddessen in einem großen Topf Olivenöl erhitzen und die übrigen Salbeiblätter darin 1 Minute kross braten. Auf Küchenpapier abtropfen lassen.

3 Zwiebel schälen und vierteln. Ghee bzw. Butter im zuvor verwendeten Topf erhitzen und die Zwiebelviertel darin goldbraun anbraten. Esskastanien dazugeben, etwas mitbraten, anschließend mit Gemüsefond ablöschen. So lange kochen, bis die Zwiebel weich ist.

4 Anschließend Milch dazugießen, erhitzen, salzen und pfeffern. Suppe fein pürieren und mit Salz und Pfeffer abschmecken. Kräuterblättchen abzupfen und fein hacken.

5 Die Suppe auf Schalen oder Gläser verteilen, mit knusprigen Pflaumen, Salbeiblättern und gehackten Kräutern anrichten und mit dem Bratensaft der Pflaumen beträufeln (aus dem Backpapier einen Trichter formen). Dazu passt frisches Sauerteigbrot.

Für ***GEMÜSEFOND** Abschnitte und Schalen von Karotten, Lauch, Knollensellerie, Petersilienwurzel, Pastinake, Zucchini, Tomate, Frühlingszwiebeln und Reste frischer Kräuter samt Stängeln (wunderbar passt **Liebstöckel**) abgedeckt im Kühlschrank oder Gefrierfach sammeln. Ist ausreichend vorhanden, mit Gewürzen wie **Lorbeer, Pfeffer, Senf, Nelke** oder **Piment** und für den besonderen Geschmack **kleine Mengen getrocknete Pilze** oder **Tomaten** in einen Topf geben. So viel Wasser hinzufügen, dass das Gemüse gerade bedeckt ist. Einmal aufkochen, die Temperatur reduzieren und 1 Stunde köcheln lassen. Schaum abschöpfen und den Fond mit **Salz** abschmecken. Anschließend abseihen, den Fond heiß in saubere Gläser füllen und im Kühlschrank lagern.

IMMER GUT!

Blumenkohl-Lauch-Suppe mit
Räuchertofu und Würzknusper

1 Die groben Blätter des Blumenkohls entfernen, anschließend den Kopf samt feinem Grün vierteln. Lauch putzen und in Scheiben schneiden. Birne vierteln und entkernen. Thymianblättchen abzupfen.

2 Lauch in 2 EL Olivenöl in einem großen Topf Farbe nehmen lassen. Blumenkohl- und Birnenstücke sowie Thymianblätter dazugeben und etwas mitrösten. Mit Gemüsefond, Milch und Sahne ablöschen und das Gemüse 15–20 Minuten weich kochen.

3 Für den Würzknusper den Backofen auf 100 °C Umluft vorheizen. Pekannüsse, Koriander, Fenchel, Kümmel und Sesam 20 Minuten auf einem mit Backpapier ausgelegten Blech im Ofen rösten. Etwas abkühlen lassen.

4 Pekannüsse hacken, die Hälfte mit den Gewürzen, Salz und Pfeffer in einem Mörser fein zerstoßen. Anschließend die übrigen gehackten Nüsse unterrühren.

5 Räuchertofu in ca. ½ cm große Würfel schneiden und im übrigen Olivenöl in einer Pfanne bei hoher Temperatur sehr knusprig braten.

6 Die Suppe pürieren und mit Zitronensaft, Muskatnuss, Salz und Pfeffer würzen. (Nicht zu stark salzen, da Räuchertofu und Würzknusper auch salzig sind.)

7 Die Suppe in tiefe Teller schöpfen, Tofuwürfel und Würzknusper darauf verteilen und servieren.

Tipp Reste des Würzknuspers in einem verschließbaren Behälter im Kühlschrank aufbewahren und für weitere Gerichte verwenden. Er schmeckt über beinahe alle pikanten Gerichte gestreut.

Für 2 große und 2–3 kleine Esser

Zubereitungszeit: 30 Minuten

1 Blumenkohl (ca. 1,4 kg)

1 Stange Lauch

1 Birne

4 Zweige Thymian

3 EL Olivenöl

1 l Gemüsefond (S. 76)

300 ml (pflanzliche) Milch

200 ml (pflanzliche) Sahne

280 g Räuchertofu

Saft einer halben Zitrone

½ TL frisch geriebene Muskatnuss

Salz und frisch gemahlener Pfeffer

Würzknusper

100 g Pekannüsse

1 gestrichener TL Koriandersamen

1 gestrichener TL Fenchelsamen

½ TL Kümmelsamen

4 EL Sesam

1 TL grobes Salz

1 TL Pfefferkörner

Erbsen-Cashew-Suppe mit Biss

**Für 2 große und
2–3 kleine Esser**

**Zubereitungszeit:
30 Minuten
+ Kühlzeit bei Bedarf**

Biss

2 Scheiben Vollkorntoast
(am besten altbacken)

2 TL Olivenöl

1 TL grobes Salz

Suppe

1 Bund Frühlingszwiebeln

2 EL Olivenöl
plus mehr zum Beträufeln

300 g Erbsen (TK)

1 Handvoll Minzblättchen

1 l Gemüsefond (S. 76)

fein abgeriebene Schale
sowie 1 Spritzer Saft
einer Bio-Zitrone

100 g Cashewkerne

Salz und frisch
gemahlener Pfeffer

150 g Feta

1 Handvoll Keimlinge
(Radieschen, Alfalfa) und
Sprossen (Erbse)

1 Für den Biss den Backofen auf 180 °C Umluft vorheizen. Toast in kleine Stücke zupfen. Auf einem mit Backpapier ausgelegten Blech mit Olivenöl und Salz vermengen und 15–20 Minuten im Ofen kross backen. Anschließend herausnehmen und beiseitestellen.

2 Während das Brot röstet, für die Suppe Frühlingszwiebeln putzen und in grobe Stücke schneiden. Olivenöl in einem großen Topf erhitzen und die Frühlingszwiebeln darin anschwitzen. Erbsen und Minze dazugeben. Mit Gemüsefond ablöschen. Zitronensaft und Cashewkerne in den Topf geben, aufkochen und alles 10 Minuten köcheln lassen.

3 Die Suppe fein pürieren und mit Salz und Pfeffer abschmecken. (Wer mag, kann die Suppe in den Kühlschrank stellen und anschließend kalt genießen. Nach der Kühlung nochmals pürieren.)

4 Zum Servieren Feta mit den Händen zerbröseln. Suppe auf kleine Schalen verteilen und mit den Keimlingen und Sprossen, dem Biss, Feta, Zitronenschale und einem Schuss Olivenöl garnieren.

Tipp Erbsensprossen kann man zu jeder Jahreszeit in einem mit Anzuchterde gefüllten leeren Milchkarton ziehen. Dafür Bio-Erbsen-Saatgut über Nacht in Wasser einweichen, abseihen und auf der Erde verteilen. Täglich zweimal aus einer Sprühflasche mit Wasser befeuchten und die ersten Tage mit Frischhaltefolie abdecken, damit die Samen nicht austrocknen. Nach 5–7 Tagen kann man die Erbsensprossen ernten und auf die Suppe streuen oder pur naschen. Sie schmecken wie Zuckerschoten.

Variante Erbsen im Frühling durch grünen Spargel ersetzen. Dill anstelle der Minze ergibt eine besonders erfrischende Suppe.

Duftet die nach gerösteten Sonnen- blumenkernen?

Pinker Krautsalat
mit Mango

1 Rotkohl vom Strunk befreien und in sehr feine Streifen schneiden. Karotten und Gurke schälen und mit einem Sparschäler in dünne Streifen schneiden. Mango schälen, das Fruchtfleisch vom Stein lösen und ebenfalls in dünne Streifen schneiden. Alles in einen großen Topf geben.

2 Chili und Schnittlauch fein hacken. Einige Schnittlauchröllchen zum Garnieren beiseitelegen, übrigen Schnittlauch mit Chili und den restlichen Zutaten in den Topf geben. Kräftig salzen und pfeffern. Deckel mit den Händen fest auf den Topf pressen und den Topf mehrmals schütteln, damit sich die Marinade gut verteilt. Bei Bedarf mit Salatbesteck nochmals vermengen.

3 Den Salat anschließend im Kühlschrank mindestens 2 Stunden ziehen lassen, nochmals durchschütteln und mit Salz und Pfeffer abschmecken.

Tipps Der Salat schmeckt umso besser, je länger er zieht. Er lässt sich somit ganz wunderbar vorbereiten.

Herrlich schmeckt der Krautsalat als Beilage zum Grillen mit Maisbrot oder Maischips. Für **MAISBROT** je **300 g Polenta und Dinkelmehl, 1 Pck. Natron, 15 g Vollrohrzucker** und **1 kräftige Prise Salz** in einer Schüssel vermischen. **4 Eier, 300 ml Kefir** und **300 ml (pflanzliche) Milch** mit einem Löffel unterrühren. **60 g Butter** zerlassen, abkühlen lassen und ebenfalls untermengen. Masse in eine gebutterte Auflaufform füllen und 30 Minuten bei 180 °C Umluft im Ofen goldgelb backen. Warm zum Salat genießen.

**Für 2 große und
2–3 kleine Esser**

**Zubereitungszeit:
20 Minuten
+ mind. 2 Stunden Kühlzeit**

½ Rotkohl

3 große Karotten

1 Gurke

1 Mango

½ rote Chilischote

1 Bund Schnittlauch

4–6 EL Honig

**125 g Pfirsichmus
(selbst gemacht, S. 34, oder
aus dem Babygläschen)**

3 EL saure Sahne

**2 TL Estragonsenf,
ersatzweise mittelscharfer
Senf**

3 EL Olivenöl

**Salz und frisch
gemahlener Pfeffer**

Süßsaurer
Tomatensalat

**Für 2 große und
2–3 kleine Esser**

**Zubereitungszeit:
15 Minuten**

**1 kg Tomaten
(eine Mischung aus Fleisch-,
Flaschen- und Cocktail-
tomaten)**

500 g reife Aprikosen

2 kleine Fenchelknollen

3 Stängel Minze

1 Stück Ingwer (6 cm)

½ rote Chilischote

250 ml Olivenöl

Saft einer großen Zitrone

5 EL Sojasoße

**Salz und frisch
gemahlener Pfeffer**

1 Große Tomaten vom Strunk befreien und in Würfel schneiden. Kleine Tomaten halbieren oder ganz lassen. Aprikosen entsteinen und ebenfalls würfeln. Fenchel von der äußeren Schicht und dem Strunk befreien und in schmale Streifen schneiden. Fenchelgrün fein hacken. Minzblätter von den Stängeln zupfen und in feine Streifen schneiden. Alles in eine große Schüssel oder auf eine Platte geben.

2 Ingwer schälen und direkt in ein verschließbares Glas reiben. Chilischote fein hacken und ebenfalls in das Glas geben. Olivenöl, Zitronensaft und Sojasoße dazugeben, Glas verschließen, kräftig schütteln und das Dressing über den Salat gießen. Pfeffern, kräftig durchmischen und bei Bedarf salzen.

3 Den Salat sofort servieren oder im Kühlschrank maximal 1 Stunden durchziehen lassen und gut gekühlt genießen.

Tipp Wenn der Hunger nach dem Sporttraining der Kinder riesengroß ist, dann wartet oft schon eine Schüssel Tomatensalat auf sie. Wenn Zeit ist, brate ich gern noch Halloumi-Würfel knusprig an, ansonsten gibt es ein paar schnelle Käsebrote dazu.

Variante Im Hochsommer kommen anstelle der Aprikosen Pfirsiche oder Nektarinen in den Salat.

Sattmacher-Salate

Räucherfisch
mit Salatherzen, knusprigem Buchweizen und Frischkäse

1 Buchweizen in einem Sieb mit Wasser abspülen, in einen Topf geben und im Gemüsefond weich kochen. Anschließend abseihen und abkühlen lassen. 2 EL Olivenöl in einer Pfanne erhitzen und den Buchweizen darin knusprig braten. Salzen und pfeffern.

2 6 EL Olivenöl, Apfelessig, Senf-Dill-Soße, Honig, Salz und Pfeffer in ein verschließbares Glas geben und zu einem cremigen Dressing schütteln.

3 Salat zerteilen, größere Blätter in mundgerechte Stücke schneiden. In einer Schüssel mit dem Dressing marinieren.

4 Räucherfisch in mundgerechte Stücke teilen. Dillspitzen fein hacken. Meerrettich schälen und fein reiben.

5 Marinierten Salat auf einer großen Platte anrichten und den Buchweizen darauf verteilen. Mit zwei Esslöffeln Nocken aus dem Frischkäse formen und gemeinsam mit dem Räucherfisch auf den Salat legen. Mit Dill und Meerrettich bestreuen und noch etwas Pfeffer frisch darübermahlen.

Für 2 große und 2–3 kleine Esser

Zubereitungszeit: 30 Minuten

250 g Buchweizen

600 ml Gemüsefond (S. 76)

8 EL Olivenöl

Salz und frisch gemahlener Pfeffer

3 EL Apfelessig

1 EL Senf-Dill-Soße

1 EL Honig

700 g Salatherzen oder anderer knackiger Salat

200 g Räucherfisch, z.B. Forellen- oder Bachsaiblingsfilet

1 Bund Dill

1 Stück Meerrettich (6 cm)

240 g Ziegen- oder Schaffrischkäse

Fruchtiger
Brotchips-Salat

**Für 2 große und
2–3 kleine Esser**

**Zubereitungszeit:
20 Minuten**

1 altbackenes
Körnerbaguette,
alternativ altbackenes Brot
nach Verfügbarkeit

14 EL Olivenöl

1 EL getrockneter Rosmarin

**2 TL SONNENTOR Pizza-
und Pastagewürz**

**1 kg Tomaten
(eine Mischung aus Fleisch-,
Flaschen- und Cocktail-
tomaten)**

**8 Feigen
(frisch oder getrocknet)**

1 große Gurke

2 rote Zwiebeln

1 Knoblauchzehe

5 EL Weißweinessig

2 TL Senf

**Salz und frisch
gemahlener Pfeffer**

1 Handvoll Basilikumblätter

1 Den Backofen auf 180 °C Umluft vorheizen. Das Baguette in ca. 5 mm dünne Scheiben schneiden, diese halbieren und auf ein mit Backpapier ausgelegtes Blech legen. Brotkrümel, die beim Schneiden des Baguettes entstanden sind, beiseitestellen. Brotscheiben mit 4 EL Olivenöl beträufeln und mit Rosmarin sowie Pizza- und Pastagewürz bestreuen. Im Ofen ca. 10 Minuten kross backen, anschließend herausnehmen und abkühlen lassen.

2 Große Tomaten vom Strunk befreien. Tomaten und Feigen in mundgerechte Stücke schneiden. Gurke schälen und in Halb- oder Viertelkreise schneiden. Zwiebeln schälen und in feine Ringe schneiden.

3 Für das Dressing den Knoblauch schälen und fein reiben. Mit übrigem Olivenöl, Essig, Senf, Salz und Pfeffer in ein verschließbares Glas geben und zu einer cremigen Marinade schütteln.

4 Tomaten, Feigen, Gurken und Zwiebeln mit dem knusprigen Brot und den Basilikumblättern auf einer großen Platte oder in einer Schüssel vermengen. Den Salat kräftig salzen und pfeffern, das Dressing darüber verteilen und am besten mit den Händen zügig durchmischen. (Das Brot darf nicht im Dressing schwimmen, sondern soll dieses ebenso wie den Saft aus dem Gemüse ein wenig aufsaugen.) Salat mit den beiseitegestellten Brotkrümeln bestreuen und sofort servieren.

Zwei belegte Brote

Für jeweils 5 Scheiben Brot

**Zubereitungszeit:
je 20 Minuten**

**Pfirsich, Rosmarin
und Haselnuss**

80 g Haselnüsse

4 Pfirsiche

2 Zweige Rosmarin

2 EL Butter

2 EL Honig

Saft einer halben Zitrone

**Salz und frisch
gemahlener Pfeffer**

5 Scheiben Brot

200 g Frischkäse

Olivenöl zum Beträufeln

1 Haselnüsse in einer Pfanne ohne Fett goldbraun rösten, bis sie duften. Anschließend herausnehmen und grob hacken.

2 Pfirsiche entsteinen und in dünne Spalten schneiden. Rosmarinnadeln abzupfen. Butter in der Pfanne zerlassen. Rosmarin, Honig und Zitronensaft dazugeben. Pfirsiche hinzufügen und bei niedriger Temperatur im Sud weich ziehen lassen. Salzen und pfeffern.

3 Brotscheiben toasten, mit Frischkäse bestreichen und die warmen Pfirsiche mit dem Sud darüber verteilen. Mit ein paar Tropfen Olivenöl beträufeln und mit gerösteten Haselnüssen sowie Salz und Pfeffer bestreuen.

1 Walnüsse und Pinienkerne in einer Pfanne ohne Öl trocken rösten, bis sie duften. Anschließend beiseitestellen.

2 Holzige Enden des Spargels großzügig entfernen und die Stangen mit dem Sparschäler in dünne Streifen schneiden. Knoblauch schälen. Parmesan fein reiben. 3 EL Olivenöl in einer Pfanne erhitzen und den Knoblauch darin goldbraun braten. Spargelstreifen und Sojabohnen dazugeben und kurz mitbraten. Salzen und pfeffern.

3 Den angebratenen Knoblauch aus der Pfanne nehmen und gemeinsam mit Wirsing, Basilikum, gerösteten Nüssen, Parmesan, Zitronensaft und 3 EL Olivenöl zu einem groben Pesto pürieren.

4 Brotscheiben toasten, dünn mit Ricotta und dick mit Pesto bestreichen. Spargel und Sojabohnen darüber verteilen und mit Pfeffer und essbaren Blüten bestreuen.

Tipp Das Pesto hält sich mit etwas Olivenöl aufgefüllt mehrere Tage im Kühlschrank. Es schmeckt gut mit dampfend heißer Vollkornpasta und ist ein toller Dip für Gemüsesticks.

Spargel, Sojabohne und Wirsing

50 g gemahlene Walnüsse

100 g Pinienkerne

250 g grüner Spargel

3 Knoblauchzehen

100 g Parmesan

6 EL Olivenöl

100 g aufgetaute Sojabohnen (TK)

Salz und frisch gemahlener Pfeffer

300 g Wirsingblätter ohne Strunk

1 Bund Basilikum

Saft einer halben Zitrone

5 Scheiben Brot

150 g Ricotta

essbare Blüten zum Garnieren, z.B. SONNENTOR Laune gut, alles gut Gewürzblüten

SUPER EASY!

Gefüllte Pfannen-Tortillas

1 Käse grob reiben. Eine große Pfanne auf dem Herd heiß werden lassen, 1 Tortilla hineinlegen und 1–2 Minuten knusprig braun rösten.

2 2 EL Ratatouille auf die Tortilla in der Pfanne streichen, mit Käse bestreuen und einige Blätter Blattspinat darauf verteilen. Salzen und pfeffern. Mit einer zweiten Tortilla belegen und den Tortilla-Doppeldecker mit einem Pfannenwender vorsichtig, aber mit Schwung auf die andere Seite drehen. Weitere 1–2 Minuten goldbraun und knusprig rösten.

3 Tortilla auf ein Brett legen, vierteln und im Ofen bei 80 °C warm halten. Die übrigen Tortillas ebenso zubereiten. Warm servieren und am besten mit den Händen genießen.

Varianten Ich fülle unsere Pfannen-Tortillas auch gern mit in Scheiben geschnittenen Erdbeeren, Rucola, etwas Honig und Ziegenfrischkäse oder in Butter mit Zwiebeln gebratenen braunen Champignons, etwas Thymian, Blattspinat und Feta oder mit in Butter und etwas Honig karamellisierten Birnenscheiben, Salbei und Gorgonzola. Salz und Pfeffer – voilà. Immer ganz heiß servieren!

**Für 2 große
und 2–3 kleine Esser**

**Zubereitungszeit:
15 Minuten**

**125 g geräucherter Scamorza
oder geräucherter Gouda**

10 Vollkorn-Tortillas

**10 EL Ratatouille (S. 132),
alternativ 5 in dünne
Scheiben geschnittene
Ochsenherztomaten**

60 g frischer Blattspinat

**Salz und frisch
gemahlener Pfeffer**

Gemüsechips
mit grüner Radieschen-Salsa

**Für eine Familie
beim gemeinsamen
Fernsehen oder Lesen**

**Zubereitungszeit:
1 Stunde
inkl. 45 Minuten Backzeit**

Gemüsechips

**je 500 g Karotten,
Pastinaken und Rote Beten**

3 EL Olivenöl

Salzflocken

Salsa

**100 g Cashewkerne,
2 Stunden in Wasser
eingelegt**

1 Knoblauchzehe

2 Bund Petersilie

½ rote Chilischote

2–3 EL Weißweinessig

**Salz und frisch
gemahlener Pfeffer**

4–5 Radieschen mit Grün

2 süßsaure Essiggurken

1 Für die Gemüsechips den Backofen auf 130 °C Umluft vorheizen. Karotten und Pastinaken samt Schale mit einem Sparschäler in feine Streifen schneiden. Rote Beten schälen und auf einer Mandoline in 1 mm dünne Scheiben hobeln. Jede Gemüsesorte in eine kleine Schüssel geben und mit jeweils 1 EL Olivenöl marinieren.

2 Gemüsesorten nebeneinander auf zwei mit Backpapier ausgelegten Blechen verteilen, sodass sie nicht übereinanderliegen. Ca. 45 Minuten im Ofen backen, bis das Gemüse knusprig ist. Alle 15 Minuten wenden und die entstandene Feuchtigkeit durch die geöffnete Tür des Backofens entweichen lassen. Anschließend die Bleche aus dem Ofen nehmen, die Chips in eine Schüssel geben und mit Salz würzen.

3 Für die Salsa die Cashewkerne abseihen. Knoblauch schälen. Petersilienblättchen abzupfen. Chili entkernen und fein hacken. Cashewkerne, Knoblauch und Petersilie mit Essig und 4 EL Wasser fein pürieren. Bei Bedarf noch etwas Wasser dazugeben. Salsa mit Chili, Salz und Pfeffer würzen.

4 Radieschen samt Grün fein hacken. Essiggurken ebenfalls hacken. Beides unter die Salsa rühren.

5 Gemüsechips mit der Radieschen-Salsa servieren und vergnüglich knabbern.

Tipp Die Chips halten in sauber verschlossenen Gläsern oder Dosen mehrere Wochen. Sie lassen sich somit sehr gut auf Vorrat herstellen.

Erntedanksause

Ein goldener Tag im Herbst: ein Picknick mit Bratäpfeln am Lagerfeuer, Lieblingsapfelkuchen und dazu eine große Kanne heiß dampfender Kräutertee.

Wenn sich draußen die Blätter senfgelb, dattelviolett und kürbisorange färben, schneiden wir ein paar Zweige vom Haselnussstrauch, stecken kleine Äpfel daran und rösten sie über dem Lagerfeuer. Dazu gibt es eine selbst gemachte **MARZIPANCREME** aus **250 g entsteinten und pürierten Medjoul-Datteln, 2 EL Mandelmus** und **100 ml Mandelmilch.** Sobald die Äpfel fertig gebraten sind, halbieren wir sie mit einem Taschenmesser, pusten ordentlich darauf, damit wir uns nicht verbrennen, und essen sie genüsslich mit der Marzipancreme.

Die Zeit, bis die Äpfel gar sind, überbrücken die Kinder mit dem Anschneiden des Apfelkuchens. Lauwarm und mit duftendem Karamell schmeckt er draußen auf der rostroten Herbstlaubwiese einfach himmlisch.

Gleich neben dem Kuchen steht eine riesige Schüssel mit Birnen-Ingwer-Mus, dazu gibt's ganz viele Löffel zum gemeinsamen Naschen. Im Mus verstecken sich vanilliger Joghurt und knuspriges Kürbiskrokant. Für den ganz besonderen Kick noch etwas Kürbiskernöl darüberträufeln, einmal mit dem Löffel durchmischen und genießen.

Die Großen trinken heißen Kaffee aus Keramiktassen und die Kinder wärmen ihre Hände an randvoll mit Kräutertee gefüllten Bechern. So macht es gar nichts aus, wenn es gegen Abend schon etwas kühler wird.

Apfel-Dattel-karamell-Kuchen

1 Den Backofen auf 180 °C Umluft vorheizen. Für das Dattelkaramell die Datteln mit 150 ml Wasser und Mandelmilch in einem kleinen Topf aufkochen. Temperatur reduzieren, etwas köcheln lassen, anschließend Datteln samt Flüssigkeit pürieren. Die Butter dazugeben, schmelzen lassen und gemeinsam mit dem Salz unterrühren. Falls das Karamell zu fest ist, bei Bedarf 1 weiteren EL Wasser dazugeben.

2 Eine Springform mit einem Bogen Backpapier auslegen – so kann das flüssige Karamell nicht auslaufen. Das Dattelkaramell hineingeben und gleichmäßig auf dem Boden verteilen.

3 Für den Kuchen die Butter schmelzen und etwas abkühlen lassen. Eier in einer Schüssel verschlagen, das Mehl hineinsieben, Backpulver, Zucker, Butter, Mandelmilch, Vanille, Salz und 1 TL Zimt hinzufügen und alles mit einem Teigspatel zu einem glatten Teig vermengen.

4 Äpfel schälen, vierteln, entkernen und in dünne Spalten schneiden. Diese in der Mitte der Springform beginnend spiralförmig auf das Karamell legen. Den Teig gleichmäßig über die Äpfel gießen und mit dem Teigspatel verteilen. Kuchen im Ofen 20 Minuten backen, anschließend herausnehmen und etwas abkühlen lassen.

5 Zum Stürzen des Kuchens einen flachen Teller kopfüber auf die Springform legen und beides vorsichtig, aber mit Schwung drehen. Springform abnehmen und das Backpapier langsam abziehen. Kuchen mit der Gewürzmischung bestäuben und servieren.

Für 1 Kuchen (21 cm ø)

**Zubereitungszeit:
30 Minuten
+ 20 Minuten Backzeit**

Dattelkaramell

200 g Medjoul-Datteln ohne Stein

50 ml Mandelmilch

30 g Butter

1 Prise Salz

Kuchen

100 g Butter

2 Eier

150 g Dinkelvollkornmehl

1 TL Backpulver

75 g Kokosblütenzucker

70 ml Mandelmilch

1 gestrichener TL gemahlene Vanille

1 Prise Salz

1 TL gemahlener Zimt

2 säuerliche Äpfel, z.B. Topaz, Boskop oder Granny Smith

1 TL SONNENTOR Chai Küsschen Gewürzzubereitung, alternativ gemahlener Zimt

Kleine Hände an Teetassen wärmen

Birnen-Ingwer-Mus
mit Klecks und Knusper

Für 1 große Schüssel

**Zubereitungszeit:
30 Minuten**

Mus

2 kg Birnen

1 Stück Ingwer (3 cm)

**1 Prise gemahlener
Kardamom**

Knusper

80 g Kokosblütenzucker

100 g Kürbiskerne

Klecks

400 g griechischer Joghurt

**1 TL gemahlene Vanille oder
Mark einer Vanilleschote**

1 EL Honig

2 TL Kürbiskernöl

1 Für das Mus die Birnen entkernen und samt Schale in Spalten schneiden. Ingwer schälen und in Scheiben schneiden. Birnenspalten, Ingwer, Kardamom und 300 ml Wasser in einem großen Topf 15 Minuten weich kochen.

2 Währenddessen für den Knusper Kokosblütenzucker in einer Pfanne bei mittlerer Temperatur unter ständigem Rühren schmelzen – der Zucker wird dabei zu einer zähen, cremigen Masse. Kürbiskerne einstreuen und mit 1 EL Wasser ablöschen. Immer wieder umrühren, bis das Wasser verdampft ist. Die Masse auf eine Hälfte eines Backpapierbogens streichen. Die andere Hälfte des Papiers darüberklappen und die Masse mit einem kleinen schweren Topf möglichst glatt verteilen. Abkühlen und fest werden lassen. Papier abziehen und die Masse auf einem Brett mit einem Brotmesser in kleine, unregelmäßige Stücke schneiden.

3 Für den Klecks den Joghurt mit Vanillemark und Honig verrühren.

4 Die gekochten Birnen ganz fein pürieren und in eine große Schüssel füllen. Vanillejoghurt als Kleckse, den Knusper gleichmäßig darauf verteilen und mit Kürbiskernöl-Punkten garnieren.

Erntedanksause

HMMM LECKER

Familienmischung-Kräutertee

1 Kräuter und Blüten in einer großen Schale behutsam vermischen und in ein großes Glas füllen.

2 Pro Tasse 2 TL in ein Tee-Ei oder einen Teebeutel geben, mit heißem Wasser übergießen und 5 Minuten ziehen lassen.

Tipps Selbst getrocknete Kräuter schmecken nach der Erinnerung an den Sommer: Kräuter am besten im Frühsommer ernten und in Bündeln kopfüber an einem luftigen Ort ohne Sonneneinstrahlung an eine Leine hängen. Sobald die Kräuter und Blüten getrocknet sind, diese von den Zweigen und Blütenköpfen lösen. Willst du nicht selbst trocknen, sind die getrockneten Kräuter und Rosenknospen von SONNENTOR eine tolle Alternative.

Die Kräuterteemischung ist variabel – die Basis sollte jedoch die Minze bilden. Sie gibt einen schönen frischen Geschmack. Alle andere essbaren Kräuter und Blüten können nach Lust und Laune in kleineren Teilen dazugemischt werden.

Besonders fruchtig wird der Tee, wenn man kleine getrocknete Apfelstücke (hierfür entkernte Apfelscheiben auf einem mit Backpapier ausgelegten Blech verteilen und bei 80 °C Umluft 3–4 Stunden trocknen) unter die Kräuter mischt. Alternativ einfach fertige Apfelchips kaufen und untermischen.

Für 1 großes Vorratsglas

2 Handvoll getrocknete Apfel- oder Pfefferminzblätter

1 Handvoll getrocknete Zitronenmelisseblätter

1 Handvoll getrocknete Basilikumblätter

½ Handvoll getrocknete Salbeiblätter

½ Handvoll getrocknete Thymianblätter

½ Handvoll getrocknete Heidenrosenblüten

3 TL getrocknete Lavendelblüten

Haupt-
mahlzeiten

Manche Familien essen die Hauptmahlzeit mittags, andere abends und wieder andere als warmen Snack am Nachmittag. Manchmal wird während der Woche gar nicht zu Hause gegessen, dafür aber am Wochenende gemeinsam gekocht.

Heutzutage müssen sich die Essenszeiten an uns als Familie anpassen. Dementsprechend flexibel sind die folgenden Rezepte. Sie eignen sich als pikante warme Hauptmahlzeit zu fast jeder Tageszeit und bestehen oft aus mehreren Komponenten: Hat man ausreichend Zeit, kocht man alle, muss es besonders schnell gehen, sucht man sich einfach einen Bestandteil aus. So werden Kinder und Eltern entspannt satt und Kochen artet nicht in ein lästiges To-do aus.

Vollkornpasta
mit Karotte, Mandarine und körnigem Frischkäse

**Für 2 große und
2–3 kleine Esser**

**Zubereitungszeit:
30 Minuten
+ 40 Minuten Backzeit**

1 kg Karotten

2 Knoblauchzehen

1 Handvoll Thymianzweige

4 Mandarinen

**10 EL Olivenöl
plus mehr zum Beträufeln**

2 TL Honig

**5 TL SONNENTOR Tante
Mizzis Bratengewürz,
alternativ 1 TL Kümmel-
samen und je 2 TL gemah-
lener Koriander und getrockneter Majoran**

**Salz und frisch
gemahlener Pfeffer**

2 EL Weißweinessig

500 g Vollkornpasta

2 EL Sonnenblumenkerne

1 TL Sojasoße

150 g körniger Frischkäse

30 g Parmesan

1 Den Backofen auf 180 °C Umluft vorheizen. 2 Karotten beiseitelegen, übrige Karotten schälen, längs in dünne Spalten schneiden und in eine Schüssel geben. Knoblauch schälen, fein reiben und dazugeben. Thymianblättchen abzupfen und ebenfalls in die Schüssel geben. Saft von 3 Mandarinen auspressen und mit 8 EL Olivenöl, Honig und der Gewürzmischung unter die Karotten mischen. Kräftig salzen und pfeffern. Gemüse auf einem mit Backpapier ausgelegten Blech verteilen und 35–40 Minuten im Ofen garen.

2 Währenddessen die übrigen 2 Karotten schälen und mit dem Sparschäler in feine Streifen schneiden. Die vierte Mandarine schälen, die weiße, bittere Haut weitgehend entfernen und die Spalten in kleine Stücke schneiden. Aus 2 EL Olivenöl, Weißweinessig, Salz und Pfeffer ein Dressing herstellen und mit den Karottenstreifen und Mandarinenstücken vermengen.

3 Pasta nach Packungsangabe kochen, anschließend abseihen.

4 Während die Pasta kocht, die Sonnenblumenkerne in einer Pfanne ohne Öl rösten. Sobald sie knusprig sind, die Sojasoße dazugeben. Bei niedriger Temperatur 1 Minute weiterrösten, dabei immer wieder umrühren. Frischkäse durchrühren, Parmesan fein reiben.

5 Die Karotten aus dem Ofen nehmen und auf eine Platte legen. Das aromatisierte Öl, das beim Backen entstanden ist, auffangen und darüberträufeln. Frischkäse auf den heißen Karotten verteilen.

6 Marinierte Karottenstreifen auf dem Ofengemüse anrichten. Nochmals salzen und pfeffern und einen Schuss Olivenöl darübergeben. Mit Sonnenblumenkernen und Parmesan bestreuen und mit der Pasta servieren.

Pastareste-Soufflés

Für 12 Soufflés

**Zubereitungszeit:
20 Minuten
+ 20 Minuten Backzeit**

Basis

**250 g Reste gekochter
Vollkornpasta**

Butter für die Muffinform

**Sardellen, Basilikum
und Mozzarella**

1 Bund Basilikum

**3 eingelegte
Sardellenfilets (Glas)**

3 Eier

2 TL Basilikumpesto (S. 131)

**Salz und frisch
gemahlener Pfeffer**

6 Mini-Mozzarellakugeln

1 Den Backofen auf 180 °C Umluft vorheizen. Ein Muffinblech mit 12 Vertiefungen dünn ausbuttern und die Pasta gleichmäßig darin verteilen. (Falls Spaghetti verwendet werden, diese mit einer großen Gabel aufrollen und die dabei entstandenen Nester in die Förmchen setzen.) Mit den Fingern in der Mitte der Pasta jeweils eine kleine Mulde formen – so kann man später die Eimasse ohne Kleckern zwischen die Nudeln gießen.

2 Für die Variante mit Sardellen, Basilikum und Mozzarella die Basilikumblätter abzupfen und gemeinsam mit den Sardellen ganz fein hacken. Eier in einem Messbecher verschlagen. Sardellen-Basilikum-Mischung und Pesto unterrühren, etwas salzen und pfeffern (Achtung, Sardellen und Pesto sind schon sehr würzig). Eimasse vorsichtig auf 6 mit Pasta gefüllte Muffinförmchen verteilen und jeweils 1 Mini-Mozzarellakugel darüberzupfen.

3 Für die Variante mit Brennnessel, Ricotta und getrockneten Tomaten frische Brennnesseln blanchieren (siehe Tipp). Gemeinsam mit Ricotta und 3 getrockneten Tomaten samt Öl zu einer feinen Masse pürieren. Die restlichen getrockneten Tomaten fein hacken, Schnittlauch in feine Röllchen schneiden. Eier in einem Messbecher verschlagen, Brennnesselmasse, Tomaten und Schnittlauch daruntermischen. Kräftig salzen und pfeffern und auf 6 Muffinförmchen verteilen.

4 Muffinblech in den Ofen stellen und die Soufflés 15–20 Minuten backen. Herausnehmen und heiß mit einem gemischten Salat genießen.

Tipps Alle Zutaten für die Rezepte in diesem Buch bekommt man im Supermarkt oder in der Drogerie. Frische Brennnesseln stellen eine Ausnahme dar. Diese kann man in freier Natur pflücken, am besten gemeinsam mit den Kindern. Dabei unbedingt Gartenhandschuhe anziehen! Brennnesseln vor der Verwendung gründlich waschen und kurz in kochendem Wasser blanchieren. So brennen die feinen Härchen an den Blättern nicht mehr.

Sollten Pastareste-Soufflés übrig bleiben, schmecken sie auch kalt köstlich und eignen sich gut zum Mitnehmen.

Varianten Es gibt unzählige Geschmacksvarianten für die Soufflés. Am besten einfach in den Kühlschrank schauen und Reste von (Frisch-)Käse, Gemüse, Schinken etc. verwenden. Besonders gut schmecken folgende Kombinationen:

— Pilze, Salsiccia/Salami, Frischkäse und Thymian

— grüner Spargel, Frühlingszwiebeln und Minze

— Rosenkohl, gebratene Speckwürfel und Rosmarin

— Reste von Bratkartoffeln, karamellisierte Zwiebeln und Parmesan

Brennnessel, Ricotta und getrocknete Tomaten

3 EL SONNENTOR Brennnessel lose oder
1 Handvoll frische Brennnesseln, ersatzweise frischer Blattspinat oder Pflücksalat

2 EL Ricotta

6 in Öl eingelegte, getrocknete Tomaten (Glas) plus 2 TL des Öls

1 Bund Schnittlauch

2 Eier

Salz und frisch gemahlener Pfeffer

Nudelauflauf
mit Wirsing und Pancetta

**Für 2 große
und 2–3 kleine Esser
+ ein zweites Ma(h)l**

**Zubereitungszeit:
30 Minuten
+ 30 Minuten Backzeit**

**750 g Vollkornfleckerl
(kleine, flache Pastastücke)
und/oder andere kleine
Vollkornnudeln**

1 Wirsing (ca. 700 g)

**200 g dünn aufgeschnittener
Pancetta oder Bauchspeck**

2 Zwiebeln

1 Bund Schnittlauch

200 g Bergkäse

**4 EL Olivenöl
plus mehr für die Form**

**4 gestrichene TL
Kümmelsamen**

**Salz und frisch
gemahlener Pfeffer**

3 Eier

250 g saure Sahne

1 Den Backofen auf 200 °C Umluft vorheizen. Eine große Auflaufform mit etwas Olivenöl ausstreichen. Salzwasser in einem großen Topf aufkochen und die Pasta darin bissfest garen. Abseihen und direkt in die Auflaufform geben.

2 Wirsing von Strunk und äußeren Blättern befreien, die übrigen Blätter in feine Streifen schneiden. Pancetta- bzw. Bauchspeck ebenfalls in Streifen schneiden. Zwiebeln schälen und fein würfeln. Schnittlauch in feine Röllchen schneiden. Bergkäse reiben.

3 Im Nudelkochtopf Speck und Zwiebeln in Olivenöl kräftig anbraten, bis der Speck knusprig ist und die Zwiebeln goldbraun sind. Wirsing hinzugeben und bissfest garen. Mit Kümmel, Salz und Pfeffer würzen und zu den Nudeln in die Auflaufform geben.

4 Eier in einer Schüssel mit der sauren Sahne verschlagen. Schnittlauch gemeinsam mit etwas Salz und Pfeffer unterrühren. Über die Zutaten in der Auflaufform gießen und gut vermengen, sodass Pasta und Wirsing gut von der Flüssigkeit ummantelt sind. Bergkäse großzügig über dem Auflauf verteilen.

5 30 Minuten im Ofen garen, dabei nach 15 Minuten die Grillfunktion zuschalten und den Auflauf knusprig fertig backen. Herausnehmen, in Stücke schneiden und in der Form servieren.

Tipp Die Reste des Auflaufs können ein zweites Mal im Ofen aufgewärmt werden und schmecken auch kalt als Snack mit halbierten Cocktailtomaten.

Habe ich viele angebrochene Nudelpackungen mit kleinen Teigwaren, bereite ich gern diesen Auflauf zu und schaffe dadurch wieder Platz im Vorratsschrank.

Pasta & Co

SOOO GUT

Extra Hat man etwas mehr Zeit, schmeckt dazu ein frischer **GURKENSALAT** mit einem Dressing aus dem **Saft einer Zitrone, 2 EL Sesam- oder Erdnussöl, 2 TL Honig, 1 geriebene Knoblauch-zehe, 1 Stück geriebenem Ingwer (4 cm)** und **½ gehackten, roten Chilischote** und **1 kräftige Prise Salz.** Dazu etwas **frisch gehackte Minze** und **Koriander. Fruchtfleisch von 3 geschälten Gurken** mit einem Sparschäler bis zum weich-wäss-rigen Kerngehäuse in Streifen schneiden. In eine Schüssel geben und mit dem Dressing vermengen.

Pizza bianca
mit Polentaboden und Salsiccia

1 Den Backofen auf 180 °C Umluft vorheizen. Für den Boden den Gemüsefond in einem großen Topf zum Kochen bringen, Polenta mit einem Schneebesen einrühren und unter Rühren eindicken lassen. (Achtung, sobald die Polenta dicker wird, beginnt sie zu spritzen, daher die Temperatur an diesem Punkt sofort reduzieren.) Butter in der Polenta schmelzen lassen und unterrühren. Polenta noch heiß auf einem mit Backpapier ausgelegten Blech glatt verstreichen.

2 Für den Belag den Knoblauch schälen und fein würfeln. Thymianblättchen abzupfen. Beides in einer Pfanne in 1 TL Olivenöl goldbraun anbraten, unter den Ricotta rühren und mit Salz und Pfeffer würzen. Ricottamasse auf dem Polenta-Pizzaboden verstreichen.

3 Frühlingszwiebeln putzen und in feine Ringe schneiden. Champignons putzen und in Scheiben schneiden. Beides im übrigen Olivenöl knusprig braten, mit Balsamicocreme abschmecken, salzen und pfeffern. Ebenfalls gleichmäßig auf der Pizza verteilen.

4 Salsiccia aus der Haut lösen, Wurstbrät in kleine Stücke zupfen, in der zuvor verwendeten Pfanne anbraten und auf die Pizza geben. Hartkäse ganz fein darüberreiben und die Pizza 20 Minuten im Ofen backen.

5 Pizza herausnehmen und heiß servieren.

Tipp Salsiccia (rohe, italienische Bratwurst) findet man in ausgewählten Supermärkten. Alternativ kann man die Pizza auch mit in feine Streifen geschnittenem Prosciutto oder gewürfeltem Räuchertofu belegen.

Variante Muss es richtig schnell gehen, bestreut man den **Polenta-Pizzaboden** nur mit **geriebenem Käse** und serviert die **ÜBERBACKENEN POLENTASCHNITTEN** zu Gemüse oder Salat.

**Für 2 große und
2–3 kleine Esser**

**Zubereitungszeit:
45 Minuten
+ 20 Minuten Backzeit**

Boden

1 l Gemüsefond (S. 76)

300 g Instant-Polenta

2 EL Butter

Belag

3 Knoblauchzehen

1 Handvoll Thymianzweige

3 EL Olivenöl

250 g Ricotta

Salz und frisch
gemahlener Pfeffer

1 Bund Frühlingszwiebeln

200 g braune Champignons

2 TL Balsamicocreme

300 g Salsiccia

1 kleines Stück Hartkäse
(3 cm)

Ofenrisotto
mit Erbsen und Parmesan

**Für 2 große und
2–3 kleine Esser
+ ein zweites Ma(h)l**

**Zubereitungszeit:
50 Minuten
inkl. 40 Minuten Backzeit**

500 g Risottoreis

1 ½ l Gemüsefond (S. 76)

1 Bund Frühlingszwiebeln

1 Knoblauchzehe

1 Bund Schnittlauch

1 Schale Kresse

**1 EL Olivenöl
plus mehr für die Form
und zum Beträufeln**

**50 g Butter
plus 1 EL zum Anbraten**

350 g Erbsen (TK)

**fein abgeriebene Schale
einer ganzen sowie Saft einer
halben Bio-Zitrone**

**Salz und frisch
gemahlener Pfeffer**

100 g Parmesan

1 Den Backofen auf 180 °C Umluft vorheizen. Reis mit dem Fond in eine große mit Olivenöl eingefettete ofenfeste Form geben und gut durchmischen. Form mit Alufolie verschließen und in diese mit einem spitzen Messer kleine Löcher stechen. Reis 40 Minuten im Ofen garen, bis er weich ist und die Flüssigkeit vollkommen aufgesaugt hat.

2 Währenddessen Frühlingszwiebeln putzen und in feine Ringe schneiden. Knoblauch schälen und in feine Scheiben schneiden. Schnittlauch in feine Röllchen, Kresse mit einer Schere vom Beet schneiden.

3 Je 1 EL Olivenöl und Butter in einer Pfanne erhitzen. Frühlingszwiebeln und Knoblauch darin anbraten. Erbsen dazugeben und alles einige Minuten bei mittlerer Temperatur garen. Kräuter, Zitronenschale und -saft in die Pfanne geben. Mit Salz und Pfeffer kräftig würzen. Parmesan fein reiben. Ein wenig zum späteren Bestreuen beiseitestellen.

4 Risotto aus dem Ofen nehmen, übrige Butter und Parmesan unterrühren. Mit Salz und Pfeffer abschmecken. Erbsen auf dem Risotto verteilen, mit übrigem Parmesan und Pfeffer bestreuen und 1 Schuss Olivenöl darüberträufeln. Heiß servieren.

Varianten Das Ofenrisotto schmeckt auch gut mit

— Pilzen und sautiertem Blattspinat,

— karamellisierten jungen Karotten

— oder Tomatenconfit (S. 156).

Tipp Aus den Resten des Risottos bereite ich gern kleine, knusprig goldbraune Arancini zu.

Pasta & Co

RESTE
FEST!

Kräuter-Arancini

1 Die Kräuter fein hacken, den Käse grob reiben. Gemeinsam mit dem Ei und 2–3 EL Semmelbröseln zum Risotto geben und alles mit den Händen gut vermengen.

2 Übrige Semmelbrösel auf einen flachen Teller geben. Die Reismasse mit feuchten Händen zu ca. 30 kleinen Bällchen formen, gut zusammendrücken und in den Semmelbröseln wälzen. Auf einem Teller bereitlegen.

3 Öl ½–1 cm hoch in einer großen Pfanne erhitzen, Bällchen in zwei Durchgängen in das sehr heiße Fett legen und von allen Seiten knusprig und goldbraun braten. Bevor die zweite Hälfte der Bällchen in die Pfanne kommt, bei Bedarf noch etwas Öl nachgießen. (Alternativ die Arancini auf zwei mit Backpapier ausgelegte Bleche setzen, mit etwas Öl beträufeln und bei 200 °C Umluft ca. 45 Minuten goldbraun backen.)

4 Arancini auf Küchenpapier abtropfen lassen und heiß servieren.

Tipp Dazu passt ein ROHKOSTSALAT aus **geriebenen Karotten, Äpfeln** und **Stangensellerie, Zitronensaft, Honig, Olivenöl, etwas Joghurt, Salz und Pfeffer,** garniert mit **gerösteten Sonnenblumenkernen** oder ein Dip aus mit etwas Pesto verrührtem Joghurt.

<u>**Für 2 große und 2–3 kleine Esser**</u>

Zubereitungszeit: 40 Minuten

1 Handvoll gemischte Kräuter, z.B. Petersilie, Schnittlauch, Liebstöckel, Minze

150 g Gouda

1 Ei

150 g Dinkelsemmelbrösel plus 2–3 EL (ca. 35 g) zur besseren Bindung

1 kg Ofenrisotto mit Erbsen (S. 118)

Raps- oder Erdnussöl zum Braten

Ricottagnocchi
mit Romanesco

**Für 2 große und
2–3 kleine Esser**

**Zubereitungszeit:
45 Minuten**

100 g Parmesan

500 g Ricotta

**250 g Dinkel- oder
Hartweizengrieß
plus mehr zum Bestreuen**

**1 Prise frisch
geriebene Muskatnuss**

**1 Prise frisch geriebene
SONNENTOR Tonkabohnen
ganz (optional)**

**Salz und frisch
gemahlener Pfeffer**

500 g Romanesco

3–4 Knoblauchzehen

4 Zweige Salbei

1 EL Butter

6 EL Olivenöl

Salzflocken

1 Parmesan fein reiben. Ein wenig zum späteren Bestreuen beiseitestellen, den Rest mit Ricotta, Grieß, Muskatnuss, Tonkabohne, etwas Salz und Pfeffer in einer Schüssel mischen. Mit den Händen durchkneten und zu einer Kugel formen. Bis zur Verwendung ruhen lassen.

2 Romanesco vom unteren Strunk und den groben Blättern befreien. Das zarte Romanescogrün und die „Bäumchen" vorsichtig vom Strunk trennen. Zarte Teile des Strunks in dünne Scheiben schneiden. Salzwasser in einem großen Topf zum Kochen bringen und alle Romanescoteile 3 Minuten darin blanchieren. Anschließend abseihen und mit kaltem Wasser abschrecken.

3 Die Teigkugel vierteln und auf einem Bogen Backpapier zu 4 ca. 25 cm langen Strängen formen. Die Stränge in 1 cm breite Stücke schneiden und mit einer großen Gabel ein Rillenmuster hineindrücken. Auf dem Backpapier verteilen und mit etwas Grieß bestreuen.

4 Erneut Salzwasser in einem großen Topf zum Kochen bringen und die Gnocchi hineingleiten lassen. So lange im siedenden Wasser garen, bis sie an der Wasseroberfläche schwimmen. Anschließend vorsichtig abseihen und mit kaltem Wasser abschrecken.

5 Knoblauch schälen und in feine Scheiben schneiden. Salbeiblätter von den Zweigen zupfen. Butter und 2 EL Olivenöl in einer Pfanne stark erhitzen und Knoblauch und Salbei darin kross und goldbraun braten.

6 Den Romanesco in die Pfanne geben, 2 weitere EL Olivenöl dazugeben und alles 3 Minuten im heißen Öl bei mittlerer Hitze braten. Auf einem Teller im Backofen bei 80 °C warm stellen. Nun die Gnocchi in die Pfanne geben, nochmals 2 EL Olivenöl dazugeben und die Pfanne vorsichtig schwenken. Kräftig salzen und pfeffern.

7 Gnocchi und Romanesco auf einer großen Platte anrichten, mit Parmesan, Salzflocken und Pfeffer bestreuen und mit einem knackigen Salat servieren.

Brotknödel
mit goldbrauner Butter und Bergkäse

**Für 2 große und
2–3 kleine Esser
+ ein zweites Ma(h)l**

Zubereitungszeit:
45 Minuten

1 Brot in kleine Würfel schneiden und in eine große Schüssel geben. Die Eier aufschlagen und untermischen. Bis zur Weiterverwendung ziehen lassen.

2 Zwiebeln schälen und in sehr feine Würfel schneiden. Thymian- und Petersilienblättchen abzupfen und fein hacken. 30 g Butter in einer Pfanne zerlassen und die Zwiebeln darin glasig anbraten. Milch dazugeben und die Mischung über das Brot gießen. 2/3 der gehackten Kräuter hinzufügen und alles mit den Händen verkneten. Kräftig mit Muskatnuss, Salz und Pfeffer würzen.

3 Mit feuchten Händen ca. 20 golfballgroße Knödel formen. Salzwasser in einem großen Topf zum Kochen bringen, 10 Knödel einlegen und 15–20 Minuten im siedenden Wasser garen. Sobald sie an der Wasseroberfläche schwimmen, mit einer Schaumkelle herausheben und auf einem Teller bei 80 °C im Ofen warm stellen. Mit den restlichen Knödeln ebenso verfahren.

4 Während die Knödel garen, die restliche Butter bei mittlerer Temperatur schmelzen, bis sie braun wird, dabei immer wieder umrühren. Durch ein feinmaschiges Sieb in ein kleines Kännchen seihen. Käse grob reiben.

5 Für den Salat Essig, Öle, Honig, Senf, Salz und Pfeffer in ein Schraubglas füllen, verschließen und zu einem cremigen Dressing schütteln. Salatblätter vorsichtig damit marinieren.

6 Die fertigen Knödel mit brauner Butter, Bergkäse und übrigen Kräutern anrichten und mit dem Salat servieren.

Tipp Wir essen als Familie in einer Mahlzeit etwa die Hälfte der Knödel. Den Rest frieren wir für besonders hektische Tage vorgekocht ein. Nach dem Auftauen nochmals kurz in heißes Wasser legen.

Knödel

1 kg altbackenes Brot

4 Eier

2 Zwiebeln

1 Handvoll Thymianzweige

1 Bund Petersilie

180 g Butter

150 ml (pflanzliche) Milch

1 Prise frisch geriebene Muskatnuss

Salz und frisch gemahlener Pfeffer

170 g würziger Bergkäse

Salat

200 ml dunkler Balsamicoessig

100 ml Olivenöl

20 ml Kürbiskernöl

1 TL Honig

1 TL Senf

Salz und frisch gemahlener Pfeffer

300 g Pflücksalat

Goldgelbe
Gemüse-Nachos

**Für 2 große und
2–3 kleine Esser**

**Zubereitungszeit:
40 Minuten**

Nachos

5 TL Olivenöl

10 Eier

100 g Kichererbsenmehl

150 ml Wasser

1 Prise Salz

Erdnussöl zum Braten

Füllung

1 Bund Frühlingszwiebeln

500 g Brokkoli

2 rote Spitzpaprika

500 g Kartoffeln

½ rote Chilischote

**1 Bund Koriander
oder Petersilie**

**6 EL Olivenöl
plus mehr bei Bedarf**

**Salz und frisch
gemahlener Pfeffer**

150 g Feta

1 Alle Zutaten für die Nachos in einer großen Schüssel mit einem Schneebesen verrühren und bis zur Verwendung ruhen lassen.

2 Für die Füllung das Gemüse putzen. Frühlingszwiebeln in feine Ringe schneiden. Brokkoli in Röschen teilen, Paprika würfeln. Kartoffeln mit Schale in 1 cm große Würfel schneiden. Chili und Kräuter fein hacken.

3 2 EL Olivenöl in einer Pfanne erhitzen und die Frühlingszwiebeln darin goldbraun anbraten. 2 EL Öl ergänzen und die Kartoffelwürfel bei hoher Hitze kross anbraten. Dabei immer wieder mit einem Pfannenwender über den Pfannenboden schaben.

4 Erneut 2 EL Olivenöl dazugeben, Brokkoli und Paprika hinzufügen und nur wenige Minuten braten, damit das Gemüse seinen Biss behält. Anschließend von der Platte nehmen und im Ofen bei 80 °C warm stellen.

5 In einer Pfanne (am besten eignet sich eine Crêpespfanne) 3 TL Erdnussöl erhitzen und 1 Suppenkelle Teig in die Pfanne geben. Beidseitig zu einem Pfannkuchen braten, anschließend in Viertelkreise schneiden. Die so entstandenen Nachos bei 80 °C im Ofen warm stellen. Mit dem restlichen Teig ebenso verfahren, bei Bedarf immer wieder etwas Öl in die Pfanne geben.

6 Das Gemüse mit Chili, Salz und Pfeffer kräftig abschmecken. Feta darüberbröseln und mit den Kräutern bestreuen.

7 Die Nachos auf einen großen Teller legen, die Gemüsemischung großzügig darüber verteilen und zu Fingerfood zusammenklappen.

Tipp Aus dem Brokkolistrunk koche ich im Anschluss gleich noch eine schnelle Suppe für den kommenden Tag, z.B. eine Variante der Blumenkohl-Lauch-Suppe.

126

Quinoa-Falafeln
mit Apfel-Meerrettich-Labane und Käferbohnensalat

**Für 2 große und
2–3 kleine Esser**

**Zubereitungszeit:
50 Minuten
+ mind. 3 Stunden Ruhezeit**

Labane

400 g griechischer Joghurt,
bei wenig Zeit alternativ
350 g Frischkäse

1 Apfel

2 EL Apfelmus

3 TL frisch geriebener
Meerrettich

Saft einer halben Zitrone

Salz und frisch
gemahlener Pfeffer

Falafeln

250 g Quinoa

800 ml Gemüsefond (S. 76)

1 TL Butter

1–2 Knoblauchzehen

1 Bund Dill

150–200 g Rote Beten
(roh oder vorgekocht)

2 Eier

1 Für den Labane den Joghurt am besten am Vorabend, jedoch mindestens 3 Stunden vor der Zubereitung der Falafeln in ein Geschirrtuch geben. Zu einem Säckchen verknoten, in ein Sieb legen und über eine Schüssel hängen. Im Kühlschrank abtropfen lassen. (Der Joghurt wird durch diesen Vorgang von der Flüssigkeit befreit und nimmt die Konsistenz von Frischkäse an.)

2 Nach der Abtropfzeit den Apfel schälen und bis auf das Kerngehäuse grob reiben. Apfel, Apfelmus und Meerrettich unter den Labane mischen und mit Zitronensaft, Salz und Pfeffer abschmecken. Bis zur Verwendung kalt stellen.

3 Für die Falafeln die Quinoa unter fließend kaltem Wasser gründlich abspülen, anschließend im Gemüsefond aufkochen. Die Temperatur zurücknehmen und die Quinoa ca. 15 Minuten weich garen lassen, bis die Flüssigkeit vollends verkocht ist. Butter dazugeben, durchmischen und etwas abkühlen lassen.

4 Den Backofen auf 180 °C Umluft vorheizen. Knoblauch schälen und fein reiben. Dillspitzen hacken. Rote Beten bei Bedarf schälen und grob raspeln.

5 Abgekühlte Quinoa mit den übrigen Zutaten gut vermengen, anschließend mit Salz und Pfeffer abschmecken. Mithilfe eines Eisportionierers oder mit den Händen zu ca. 30 Falafeln formen. Diese auf zwei mit Backpapier ausgelegte Bleche setzen, mit etwas Olivenöl bepinseln und im Backofen 20–30 Minuten kross und goldbraun backen.

6 Währenddessen für den Salat die Käferbohnen abtropfen lassen. Frühlingszwiebeln putzen und in feine Ringe schneiden. Essig, Öl, Honig, Salz und Pfeffer zu einem Dressing verrühren. Alle Zutaten vorsichtig mit dem Pflücksalat vermischen (am besten mit den Händen).

7 Die heißen Falafeln mit Labane und Salat auf Fladenbrot anrichten und mit Olivenöl beträufeln.

*Für selbst gemachtes schnelles **PFANNEN-FLADEN-BROT 225 g Weizenmehl** (in Deutschland: Type 405 / in Österreich: Type 480), **300 g Dinkelvollkornmehl, 300 ml zimmerwarmes Wasser, 100 ml Olivenöl** und **1 TL Salz** zu einem glatten Teig kneten und abgedeckt 20 Minuten ruhen lassen. Zu 12 Kugeln formen, diese auf Backpapier zu dünnen Fladen ausrollen und in einer Pfanne ohne Öl von beiden Seiten rösten, bis der Teig Blasen wirft.

150 g geriebener Hartkäse

7–8 EL Vollkornsemmel-
brösel oder Haferflockenmark

2 TL getrockneter Majoran

1 TL gemahlener Kümmel

1 TL gemahlener Koriander

Salz und frisch
gemahlener Pfeffer

Olivenöl zum Bepinseln
und Beträufeln

Salat

250 g Käferbohnen (Dose)

3 Frühlingszwiebeln

6 EL Apfelessig

8 EL Kürbiskernöl

1 TL Honig

Salz und frisch
gemahlener Pfeffer

2 Handvoll Pflücksalat

Fladenbrot zum Servieren
(selbst gemacht*
oder gekauft)

Familienessen
einfach aufgebrezelt

Suppen, Salate, Brote oder Eintöpfe werden getoppt mit kulinarischen Kleinigkeiten schnell zu einem ganz besonderen Geschmackserlebnis. Je appetitlicher das Essen aussieht, umso lieber wird es von Groß und Klein gegessen. Ich stelle die Toppings gern in einer kleinen Schale auf dem Esstisch bereit und alle können sich nach Lust und Laune selbst bedienen.

Pikante Knuspervarianten

GERÖSTETE KERNE UND SAMEN:
Je 1 kleine Handvoll Sonnenblumenkerne, Kürbiskerne, Chiasamen und **Leinsamen** in einer Pfanne trocken goldbraun rösten, auf einen Teller geben, **2–3 EL Tamari** (glutenfreie Sojasoße) darüberträufeln, gut mischen, zurück in die noch heiße Pfanne geben und unter Rühren trocknen lassen.

WÜRZIGES KNUSPERMÜSLI: Je 50 g Haferflocken, Kürbiskerne und **gehackte Pistazien** in einer Schüssel mit **½ TL Maisstärke, 2 EL hellem Essig, 1 EL Honig, 1 TL gehackten Rosmarinnadeln** oder **Thymianblättern, 1 TL gemörserten**

Senfkörnern, Salz und Pfeffer vermischen und auf einem mit Backpapier ausgelegten Blech bei 140 °C Umluft 15 Minuten backen. Währenddessen immer wieder wenden.

GOMASIO: 1 Handvoll Sesam rösten und mit 1 TL grobem Salz in einem Mörser zerstoßen.

Würzknusper von Seite 81.

Süßsauer eingelegtes Gemüse

Für eine süßsaure Marinade **je 500 ml Apfelessig und Wasser, 75 g Birkenzucker** und **2 TL feines Salz** in einen Topf geben und so lange bei mittlerer Temperatur köcheln, bis sich Zucker und Salz aufgelöst haben. Anschließend zum Einlegen verschiedener Gemüsesorten verwenden, z.B. **in dünne Scheiben geschnittene Radieschen** oder **längs halbierte Minigurken.** Nach Belieben noch Gewürze wie **Pfefferkörner, Kräuter** oder **Knoblauchscheiben** in die Marinade rühren.

Pesto

Für **BASILIKUMPESTO 150 ml Olivenöl, 4 in etwas Olivenöl goldbraun gebratene Knoblauchzehen, 2 Handvoll Basilikum, 70 g Pinienkerne, 60 g geriebenen Parmesan, Saft einer halben Zitrone, Salz** und **Pfeffer** pürieren.

VARIANTEN: Statt Basilikum eigenen sich fast alle Kräuter, Pflücksalat, das Grün von Radieschen, Karotten und Roten Beten oder geraspeltes/klein geschnittenes Gemüse nach Wahl. Pinienkerne können durch andere Nüsse, Parmesan durch anderen Hartkäse ersetzt werden.

Knuspriges Brot

— Verschiedene Brotsorten wie Vollkornbrot, Baguette, Brezel oder Bauernbrot in kleine Würfel schneiden und mit Rosmarin, Thymian und Knoblauch in Olivenöl rösten.

— Vollkorntoast in feine Stücke zupfen und in Olivenöl knusprig goldbraun braten. Gemischt mit Würzknusper (S. 79) schmecken die Toastbrotbrösel auch herrlich auf Spiegeleiern. Dazu frisches Brot und Frischkäse servieren.

Weitere Toppings

— Ein extra Schuss Oliven-, Kürbiskern- oder Nussöl bzw. Nussmus

— Ein kleiner Löffel Ricotta, (körniger) Frischkäse oder Kokosmilch

— Geriebener Parmesan oder Ziegenkäse, zerbröselter Feta, Bratkäsewürfel oder (Büffel-)Mozzarellabällchen

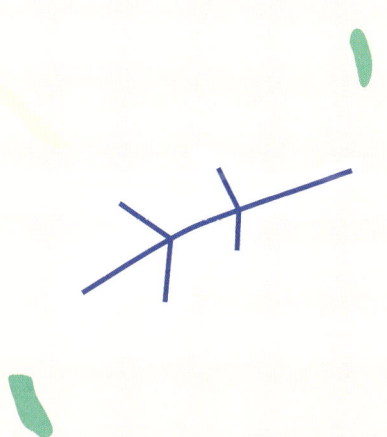

Ratatouille
auf Vorrat

**Für 2 große und
2–3 kleine Esser
+ ein zweites
und drittes Ma(h)l**

**Zubereitungszeit:
45 Minuten
+ 2 Stunden Garzeit**

4 große Zwiebeln

8 Knoblauchzehen

½ rote Chilischote

1 Butternusskürbis (ca. 500 g)

2 Süßkartoffeln (ca. 500 g)

2 Pastinaken (ca. 250 g)

3 Zucchini (ca. 600 g)

1 Aubergine (ca. 500 g)

4 rote Spitzpaprika

**8 EL Olivenöl
plus mehr bei Bedarf**

2 EL Tomatenmark

1 EL Kokosblütenzucker

800 g Tomaten (Dose)

2 EL dunkler Balsamicoessig

**Salz und frisch
gemahlener Pfeffer**

**1 Bund Petersilie
oder Koriander**

1 Den Backofen auf 160 °C Umluft vorheizen. Zwiebeln und Knoblauch schälen. Zwiebeln in feine Streifen, Knoblauch in feine Scheiben schneiden. Chili klein schneiden. Kürbis schälen, entkernen und in ca. 2 cm große Würfel schneiden. Süßkartoffeln schälen und in ebenso große Würfel schneiden. Pastinaken schälen, bei Bedarf längs halbieren, anschließend in 1 cm dicke Scheiben schneiden. Zucchini, Auberginen und Paprika putzen und in 2 cm große Würfel schneiden.

2 Olivenöl in einem großen Schmortopf erhitzen. Zwiebeln und Knoblauch darin gemeinsam mit Chili und Tomatenmark 5 Minuten bei mittlerer Hitze anbraten. Kokosblütenzucker dazugeben und immer wieder umrühren.

3 Das Gemüse nach und nach in den Topf geben und anbraten – zunächst Kürbis, Süßkartoffeln und Pastinaken, dann Zucchini, Auberginen und Paprika. Bei Bedarf jeweils 1–2 EL Olivenöl ergänzen.

4 Mit Tomaten und 1 Dose (ca. 400 ml) Wasser ablöschen, umrühren und den Topf mit Deckel für ca. 2 Stunden in den Ofen stellen. Zwischendurch einmal umrühren. Das Gemüse soll am Ende weich sein, aber nicht zerfallen, die Soße dick eingekocht und süß schmecken.

5 Topf aus dem Ofen nehmen, das Ratatouille etwas abkühlen lassen. Anschließend mit Essig, Salz und Pfeffer abschmecken. Die Kräuter hacken und über das Ratatouille streuen.

Tipp Die verwendeten Gemüsesorten haben nur eine kurze Überschneidungszeit, es gibt sie bis bzw. ab Ende September/Anfang Oktober. Allein aus diesem Grund lohnt es sich, gleich eine größere Menge herzustellen.

Gemüsegratin
mit Blumenkohl-Béchamel

1 Den Backofen auf 180 °C Umluft vorheizen. Aus dem Brot mit einer Küchenmaschine oder auf der groben Seite einer Vierkantreibe grobe Krümel herstellen. Auf einem mit Backpapier ausgelegten Blech verteilen und 20–30 Minuten im Ofen knusprig rösten.

2 Währenddessen Knoblauch schälen. Blumenkohl vom unteren Teil des Strunks befreien und halbieren. Eine Hälfte in Milch und Gemüsefond mit Knoblauch weich kochen. Anschließend pürieren. Ohne Deckel einkochen lassen, bis die Soße schön cremig wird.

3 Rosmarinnadeln fein hacken, Thymianblättchen abzupfen. Kräuter sowie Muskatnuss zur Soße geben und sehr kräftig mit Salz und Pfeffer abschmecken.

4 Süßkartoffeln schälen und mit den Zucchini und der zweiten Blumenkohlhälfte in 2–3 mm feine Scheiben schneiden. Käse reiben.

5 Eine Auflaufform (ca. 33 x 20 cm) mit Olivenöl ausstreichen und schichtweise Gemüse, Blumenkohl-Béchamel, Brotkrümel und Käse hineingeben, mit Käse und Krümeln abschließen. Im Ofen 40 Minuten goldbraun backen (bei Bedarf mit Alufolie abdecken).

6 Gratin aus dem Ofen nehmen, etwas abkühlen lassen und in der Form servieren.

Tipp Dazu passen SÜSSSAURE ZWIEBELN: **2 rote Zwiebeln** schälen, auf einer Mandoline sehr fein hobeln und auf 2 Gläser (500 ml Fassungsvermögen) verteilen. **Je 500 ml Apfelessig und Wasser, 75 g Birkenzucker** und **2 TL Salz** in einem Topf köcheln lassen, bis sich Zucker und Salz aufgelöst haben. Heißen Sud über die Zwiebeln gießen, **2 TL bunte Pfefferkörner** dazugeben, etwas abkühlen lassen. Gläser verschließen und im Kühlschrank mindestens 1 Stunde ziehen lassen. Die eingelegten Zwiebeln halten sich gut gekühlt ca. 4 Wochen.

Für 2 große und 2–3 kleine Esser

Zubereitungszeit: 40 Minuten + 40 Minuten Backzeit

330 g altbackenes (Sauerteig-)Brot

3–4 Knoblauchzehen

1 Blumenkohl

400 ml (pflanzliche) Milch

400 ml Gemüsefond (S. 76)

4 Rosmarinspitzen

2 Zweige Thymian

½ TL frisch geriebene Muskatnuss

Salz und frisch gemahlener Pfeffer

2–3 Süßkartoffeln

3 Zucchini

200 g Hartkäse

Olivenöl für die Form

Weißkohlstrudel
mit Zwiebelmarmelade

**Für 2 große und
2–3 kleine Esser**

**Zubereitungszeit:
50 Minuten inklusive
30 Minuten Backzeit**

Strudel

2 große Zwiebeln

**1 großer oder 2 kleine Köpfe
Weißkohl (benötigt wird
1 kg geschnittener Kohl)**

1 Bund Schnittlauch

**2 EL Olivenöl
plus mehr bei Bedarf**

4 TL Honig

2 TL gemahlener Kümmel

2 TL getrockneter Majoran

**2 TL getrocknetes
Bohnenkraut oder
getrockneter Thymian**

3 EL Apfelessig

**Salz und frisch
gemahlener Pfeffer**

2 Rollen Dinkelblätterteig

1 Ei

1 Für die Strudel den Backofen auf 180 °C Umluft vorheizen. Die Zwiebeln schälen und in feine Streifen schneiden oder auf der Mandoline hobeln. Kohl vom Strunk befreien und ebenfalls fein schneiden. Schnittlauch in feine Röllchen schneiden.

2 Olivenöl in einer großen Pfanne erhitzen, den Honig darin karamellisieren. Zuerst Zwiebeln, dann nach und nach Kohl dazugeben und bei mittlerer Temperatur weich dünsten. Bei Bedarf etwas Öl nachgießen. Mit Gewürzen, Kräutern, Essig, Salz und Pfeffer kräftig abschmecken.

3 1 Rolle Blätterteig auf einem Bogen Backpapier auslegen. Die Hälfte des Kohls in der Mitte des Teiges parallel zu den langen Seiten verteilen. An den kurzen Seiten jeweils 3–4 cm Teig überstehen lassen und einschlagen. Anschließend die langen Seiten über die Kohlmasse schlagen. Mit der zweiten Teigrolle und der übrigen Füllung wiederholen.

4 Das Ei verquirlen und auf die Strudel streichen. Mit einer Gabel Löcher in den Teig stechen, damit er beim Backen schön aufgeht. Strudel vorsichtig auf ein oder zwei Backbleche legen und ca. 30 Minuten backen.

5 Währenddessen für die Zwiebelmarmelade die Zwiebeln schälen und in feine Streifen schneiden. Olivenöl in einem kleinen Topf erhitzen und die Zwiebeln darin bei mittlerer Temperatur glasig anschwitzen. Honig, Essig, Traubensaft und Salz dazugeben, bei Bedarf etwas Olivenöl ergänzen. Nach 15 Minuten verfärben sich die Zwiebeln dunkelrot, die Konsistenz wird sirupartig.

Zwiebelmarmelade

2 große rote Zwiebeln

**2 EL Olivenöl
plus mehr bei Bedarf**

2 TL Honig

1 EL dunkler Balsamicoessig

100 ml roter Traubensaft

½ TL Salz

250 g saure Sahne

frisch gemahlener Pfeffer

6 Saure Sahne cremig rühren, in eine kleine Schüssel geben und die eingekochte Zwiebelmarmelade darauf verteilen. Mit Pfeffer bestreuen.

7 Die fertigen Strudel aus dem Ofen nehmen und mit der Zwiebelmarmelade und der sauren Sahne heiß oder lauwarm servieren.

Tipp Die Zwiebelmarmelade schmeckt auch herrlich zu Käse und gegrilltem Gemüse.

Für 2 große und
2–3 kleine Esser
+ ein zweites Ma(h)l

Zubereitungszeit:
45 Minuten
inkl. 30 Minuten Backzeit

Gemüse

2 Köpfe Blumenkohl

**250 ml Olivenöl
plus mehr bei Bedarf**

3 TL Kreuzkümmelsamen

2 gehäufte EL Sesam

**Salz und frisch
gemahlener Pfeffer**

1 große rote Zwiebel

1 Bund Radieschen

125 g Zuckerschoten

480 g weiße Bohnen (Dose)

**1 Bund Koriander
oder Petersilie**

Tahincreme

1 Knoblauchzehe

200 g griechischer Joghurt

3 TL Tahin (Sesampaste)

2 TL Honig

**2 TL Olivenöl
plus mehr zum Beträufeln**

**Salz und frisch
gemahlener Pfeffer**

Gerösteter Blumenkohl
mit Tahincreme

1 Für das Gemüse den Backofen auf 180 °C Umluft vorheizen. Blumenkohlröschen vom Strunk trennen. Auf zwei mit Backpapier ausgelegten Blechen verteilen und mit Olivenöl, Kreuzkümmel und Sesam vermengen. Kräftig salzen und pfeffern. Ca. 30 Minuten im Ofen knusprig backen.

2 Währenddessen die Zwiebel schälen, halbieren und mit einer Mandoline in dünne Scheiben schneiden. Radieschen putzen und ebenso in dünne Scheiben schneiden. Zuckerschoten putzen und längs halbieren. Bohnen abtropfen lassen. Alles auf einer großen Platte anrichten. Kräuter samt Stielen fein hacken und beiseitestellen.

3 Für die Tahincreme Knoblauch schälen und fein reiben. Mit den übrigen Zutaten in einer Schüssel gründlich verrühren und mit etwas Olivenöl beträufeln.

4 Blumenkohl aus dem Ofen nehmen und neben dem Gemüse auf der Platte anrichten. Nun das Backpapier zu einem Trichter formen und das heiße Olivenöl mit dem knusprigen Sesam über dem Gemüse verteilen. Nochmals salzen und pfeffern, bei Bedarf mit etwas Olivenöl beträufeln. Kräuter über Gemüse und Tahincreme streuen und alles gemeinsam servieren.

Tipp Reste kann man am nächsten Tag aufwärmen und mit gekochtem Naturreis servieren.

VEGGIE-
FEST!

Für 2 große und
2–3 kleine Esser
+ ein zweites Ma(h)l

Zubereitungszeit:
ca. 70 Minuten

Dhal

2 große rote Zwiebeln

6 Knoblauchzehen

1 Stück Ingwer (5 cm)

½ rote Chilischote

500 g Karotten

500 g Zucchini

**6–8 TL SONNENTOR Ras
el Hanout, alternativ 3 TL
Kreuzkümmelsamen,
2 ½ TL Koriandersamen und
4 TL gelbe Senfkörner**

3 EL Olivenöl

500 ml Gemüsefond (S. 76)

200 g rote Linsen

400 g Tomaten (Dose)

400 g Kokosmilch (Dose)

2 EL Mandelmus

Saft einer halben Zitrone

3 TL gemahlene Kurkuma

**Salz und frisch
gemahlener Pfeffer**

**Korianderblätter
zum Servieren**

Dhal
mit Kichererbsen-Pancakes und Gurkenjoghurt

1 Für das Dhal Zwiebeln, Knoblauch und Ingwer schälen und in feine Würfel schneiden. Chilischote hacken. Karotten schälen und gemeinsam mit den Zucchini auf der Vierkantreibe grob raspeln. Falls nicht die fertige Gewürzmischung verwendet wird, Kreuzkümmel, Koriander und Senf in einem Mörser zerstoßen.

2 Zwiebeln, Knoblauch und Ingwer in einem großen Topf in Olivenöl glasig braten. Gewürzmischung dazugeben und 2–3 Minuten weiterbraten. Mit Gemüsefond und 250 ml Wasser aufgießen, rote Linsen, Chili und Gemüse hinzufügen. 20 Minuten köcheln lassen, dabei regelmäßig umrühren und bei Bedarf Wasser nachgießen. Die Flüssigkeit sollte nicht komplett verkocht, die Linsen weich sein.

3 Anschließend Dosentomaten und Kokosmilch einrühren. Aufkochen lassen, Temperatur reduzieren, Mandelmus, Zitronensaft und Kurkuma untermischen und nochmals 15 Minuten köcheln lassen. Mit Salz und Pfeffer abschmecken.

4 Während das Dhal köchelt, die Pancakes zubereiten. Koriander fein hacken und gemeinsam mit den übrigen Zutaten in einer Schüssel verrühren. 5 Minuten ruhen lassen.

5 1 TL Erdnussöl in einer flachen Pfanne erhitzen, die Temperatur etwas reduzieren. Teig in mehreren Durchgängen mit einem großen Löffel als kleine Pancakes (jeweils ca. 8 cm Durchmesser) in die Pfanne setzen und von beiden Seiten goldbraun braten. Bei 80 °C im Ofen warm halten.

6 Für den Gurkenjoghurt die Gurke schälen und in eine kleine Schüssel reiben. Mit Joghurt, Honig und Zitronensaft verrühren und mit Salz und Pfeffer abschmecken.

7 Das Dhal mit einem Klecks Gurkenjoghurt und Korianderblättern in Schüsseln anrichten und mit den Pancakes servieren.

Tipps Reste des Dhals mit Basmati- oder Blumenkohlreis (S. 149) oder Pasta servieren. Wunderbar dazu passt auch der Hummus von der grünen Erbse oder eine **GUACAMOLE** aus **zerdrückter Avocado, Knoblauch, Zitronensaft, Chili, Salz und Pfeffer** mit einem **Löffelchen Crème fraîche.**

Hat man ganz wenig Zeit, kann man das Dhal auch ohne Karotten und Zucchini nur mit Linsen zubereiten und statt des Gemüses vorgekochte Kichererbsen verwenden. Dazu Vollkornbrot reichen.

<u>**Kichererbsen-Pancakes**</u>
<u>**(für 15 Stk.)**</u>

3 Zweige Koriander

500 ml Wasser

220 g Kichererbsenmehl

1 TL Salz

Erdnussöl zum Braten

<u>**Gurkenjoghurt**</u>

1 kleine Gurke

200 g Joghurt

1 TL Honig

Saft einer halben Zitrone

Salz und frisch gemahlener Pfeffer

Zucchinisticks
mit Sonnenblumenkernkruste

**Für 2 große und
2–3 kleine Esser**

**Zubereitungszeit:
1 Stunde
inkl. 40 Minuten Backzeit**

1 kg Zucchini

grobes Salz

180 g Sonnenblumenkerne

80 g Sesam

**3 gehäufte TL
Kreuzkümmelsamen**

2 TL Maisstärke

**2 TL SONNENTOR Steak That
Grillgewürz, alternativ
Knoblauchgranulat,
getrockneter Thymian
oder Rosmarin**

Olivenöl

Dip

200 g griechischer Joghurt

Saft einer halben Zitrone

1 TL Honig

**1 gestrichener TL SONNEN-
TOR Smokey Paprika,
alternativ Paprikapulver
(edelsüß)**

**Salz und frisch
gemahlener Pfeffer**

1 Den Backofen auf 200 °C Umluft vorheizen. Zucchini längs in ca. 1 cm dicke Scheiben, anschließend in 1 cm breite und 7 cm lange Sticks schneiden. Salzen, damit sie etwas Wasser lassen und die Panade besser daran haftet.

2 In einer Küchenmaschine Sonnenblumenkerne, Sesam, Kreuzkümmel und 3 TL Salz fein zerkleinern und mit Maisstärke und Grillgewürz bzw. Knoblauchgranulat oder getrockneten Kräutern vermengen. 2/3 der Panade in eine große Schüssel geben, den Rest beiseitestellen.

3 Zwei Bleche mit Backpapier auslegen und mit je 1 Prise Salz bestreuen. Die Zucchinisticks zur Panade in die Schüssel geben und mit den Händen durchmischen. Gleichmäßig auf den Backblechen verteilen, sodass sie nicht übereinanderliegen. Die beiseitegestellte Panade bis auf 1 TL über die Zucchinisticks streuen und mit Olivenöl beträufeln. 40 Minuten goldbraun backen, nach der Hälfte der Zeit die Position der Bleche tauschen. Während der letzten 10 Minuten die Grillfunktion zuschalten und die Bleche erneut nach der Hälfte tauschen, damit die Sticks gleichmäßig knusprig werden.

4 Die Zutaten für den Dip in einer Schüssel verrühren und mit Salz und Pfeffer würzen. Übrige Panade darüberstreuen.

5 Die würzig duftenden krossen Sticks in eine Schüssel geben und mit dem Dip servieren.

Varianten Bei den Gemüsesorten für die Sticks kann man variieren – Kürbis, Pastinake, Rote Bete und Knollensellerie schmecken ebenfalls großartig.

Gemüse & Hülse

Geröstetes Gemüse
mit Veggie-Limettenmayo

**Für 2 große und
2–3 kleine Esser**

**Zubereitungszeit:
1 Stunde
inkl. 40 Minuten Backzeit**

700 g Rote Beten

500 g Karotten

500 g Pastinaken

500 g Petersilienwurzeln

**Salz und frisch
gemahlener Pfeffer**

4 Knoblauchzehen

100 g Parmesan

1 Bund Petersilie

6 Zweige Thymian

**fein abgeriebene Schale
von 2 Bio-Zitronen**

40 g Vollkornsemmelbrösel

8 EL Olivenöl

1 Den Backofen auf 180 °C Umluft vorheizen und zwei Bleche mit Backpapier auslegen. Rote Beten schälen und in fingerdicke Stifte schneiden. Karotten, Pastinaken und Petersilienwurzeln schälen, dickere Exemplare längs halbieren bzw. vierteln. Gemüse auf den Backblechen verteilen, aber nicht durchmischen. Etwas salzen und pfeffern – nicht zu großzügig, da der Parmesan ebenfalls sehr würzig ist.

2 Knoblauch schälen und ebenso wie den Parmesan fein reiben. Petersilie fein hacken, Thymianblättchen abzupfen. Knoblauch, Parmesan, Kräuter, Zitronenschale und Semmelbrösel vermengen.

3 Das Gemüse mit Olivenöl beträufeln und großzügig mit der Bröselmischung bedecken. Im Ofen 35–40 Minuten kross backen. Sollte das Gemüse während des Backens zu dunkel werden, mit Alufolie abdecken. Position der Bleche nach der Hälfte der Backzeit tauschen.

4 Während das Gemüse im Ofen ist, für die Mayonnaise den Knoblauch schälen und fein reiben. Alle Zutaten (bis auf Öl, Joghurt und ein wenig Limettenschale zum Garnieren) in ein hohes Gefäß füllen. Kurz mit dem Pürierstab mixen. Anschließend das Sonnenblumenöl in dünnem Strahl zugießen und weiterpürieren, sodass die Masse nach und nach sämig wird. Mit Salz abschmecken und mit Joghurt vermengen. Mit übriger Limettenschale bestreuen und bis zum Servieren im Kühlschrank abgedeckt kalt stellen.

5 Wurzelgemüse aus dem Ofen nehmen und gleich auf dem Blech mit der Limettenmayo servieren.

Gemüse & Hülse

Limettenmayo

½ Knoblauchzehe

fein abgeriebene Schale
einer Bio-Limette

60 ml Flüssigkeit
aus einem Glas vorgekochter
Kichererbsen (Aquafaba)

¼ TL Senf

¼ TL Salz
plus mehr bei Bedarf

1 ½ TL Apfelessig

1 TL Honig

½ TL Tomatenmark

½ TL Sojasoße

180–230 ml Sonnenblumenöl

200 g griechischer Joghurt

Tipp Die Mayo kommt ganz ohne Eier aus, hält sich lange im Kühlschrank und kann je nach Lust und Laune gewürzt werden. So passt sie herrlich zu Ofengemüse, Pommes jeglicher Art, Gemüsebällchen oder Rohkoststicks und muss unbedingt beim Grillen mit auf den Tisch. Lässt man den Joghurt weg, ist die Mayonnaise vegan.

IMMER GUT!

Ingwerhühnchen
mit Gemüse und Blumenkohlreis

1 Den Backofen auf 200 °C Umluft vorheizen. Koriander fein hacken, 1 EL für die Garnitur beiseitestellen. Chilischote entkernen und fein hacken. Ingwer schälen und fein reiben. Koriander, Chili, Ingwer, Honig, Sojasoße, Oliven- und Sesamöl sowie Zitronensaft in einer Schüssel zu einer Marinade vermengen.

2 Eine Auflaufform mit Olivenöl ausstreichen, die Hühnerkeulen einlegen und mit ¾ der Marinade übergießen. Insgesamt 50 Minuten auf der untersten Schiene im Ofen garen. Während der Backzeit regelmäßig mit Marinade aus der Form übergießen.

3 Während die Keulen im Ofen sind, die Brokkoliröschen vom Strunk schneiden und in einer zweiten gefetteten Auflaufform in der restlichen Marinade wenden. Kürbis bei Bedarf schälen, anschließend entkernen, würfeln und nach 25 Minuten Garzeit zu den Hühnerkeulen in die Auflaufform geben. Mit Marinade aus der Form benetzen. Brokkoli auf die mittlere Schiene in den Ofen stellen und das Gemüse in den verbliebenen 20 Minuten außen knusprig und innen weich garen.

4 Währenddessen die Blumenkohlröschen von Blättern und Strunk trennen. Den Strunk schälen und gemeinsam mit den Röschen auf der groben Seite der Vierkantreibe in reiskorngroße Stücke raspeln. Butter bzw. Ghee in einer Pfanne erhitzen, die Temperatur reduzieren und den Blumenkohl einstreuen. Mit Salz würzen und bei geschlossenem Deckel einige Minuten weich dünsten.

5 Hühnerkeulen und Kürbis aus dem Ofen nehmen, mit dem beiseitegestellten Koriander bestreuen und mit Brokkoli und Blumenkohlreis servieren.

<u>**Für 2 große und 2–3 kleine Esser**</u>

**Zubereitungszeit:
ca. 1 Stunde
inkl. 50 Minuten Backzeit**

1 Bund Koriander

1 kleine rote Chilischote

1 Stück Ingwer (8 cm)

4 TL Honig

200 ml Sojasoße

**4 TL Olivenöl
plus mehr für die Formen**

4 TL Sesamöl

Saft einer Zitrone

2 kg Hühnerkeulen

500 g Brokkoli

**500 g Kürbis
(am besten Hokkaido
oder Butternuss)**

<u>**Blumenkohlreis**</u>

1 Blumenkohl

1 EL Butter oder Ghee

1 TL Salz

Zubereitungszeit:
45 Minuten
+ 50 Minuten Backzeit

1 ganzes Huhn oder 1.300 g
Hühnerkeulen mit Knochen,
alternativ 500 g ausgelöste
Hühnerkeulen

50 g getrocknete Aprikosen

3 Karotten

2 große Zwiebeln

4 Knoblauchzehen

1 Stück Ingwer (4 cm)

1 rote Chilischote

6 EL Olivenöl

Salz und frisch
gemahlener Pfeffer

3 TL gemahlener
Kreuzkümmel

2 TL Garam Masala

1 ½ TL gemahlener
Koriander

2 TL Tomatenmark

680 ml Hühnerfond

½ TL Safran

300 g Quinoa

1 EL Butter

1 Bund Petersilie

2 EL Mandeln

Joghurt zum Servieren

Zitronenspalten zum Servieren

Geschmortes Hühnchen
mit Aprikosen und Quinoa

1 Den Backofen auf 180 °C Umluft vorheizen. Das Hühnerfleisch von den Knochen lösen und in kleine Stücke schneiden. Aprikosen halbieren. Karotten schälen und in dünne Scheiben schneiden. Zwiebeln und Knoblauch schälen und in feine Würfel schneiden. Ingwer schälen und fein reiben. Chili entkernen und hacken.

2 In einem Schmortopf 2 EL Olivenöl erhitzen und das Fleisch darin von allen Seiten kross anbraten. Etwas salzen und pfeffern, anschließend herausnehmen und auf einem Teller beiseitestellen. Erneut 2 EL Olivenöl im Schmortopf erhitzen, Aprikosen und Karotten darin anbraten, salzen und pfeffern und ebenfalls auf einem Teller beiseitestellen.

3 Zwiebeln, Knoblauch, Ingwer und Chili in 2 weiteren EL Olivenöl im Schmortopf glasig anbraten. Temperatur reduzieren. Die gemahlenen Gewürze hinzufügen und mitrösten, bis sie duften. Tomatenmark dazugeben. Mit Hühnerfond aufgießen und den Safran einstreuen. Etwas einköcheln lassen. Hühnerfleisch, Aprikosen und Karotten zurück in den Topf geben. Abgedeckt 50 Minuten im Ofen garen. Währenddessen einmal umrühren.

4 In der Zwischenzeit Quinoa unter kaltem Wasser gründlich abspülen, anschließend mit 850 ml Wasser und 1 TL Salz aufkochen. Temperatur reduzieren und die Quinoa bei geschlossenem Deckel ca. 15 Minuten köcheln lassen, bis sie weich und die Flüssigkeit verkocht ist. Am Ende der Garzeit die Butter unterrühren.

5 Petersilie und Mandeln hacken. Schmortopf aus dem Ofen nehmen und das Ragout mit Petersilie und Mandeln sowie einem Klecks Joghurt garnieren. Mit Quinoa und Zitronenspalten servieren.

Sesam-Lachs-Schnecken
mit Bulgursalat

Für 2 große und 2–3 kleine Esser

Zubereitungszeit: 1 Stunde

Bulgursalat

300 g Bulgur

800 ml Gemüsefond (S. 76)

1 TL Butter

1 rote Zwiebel

200 g Minigurken

125 g Zuckerschoten

200 g Cocktailtomaten

125 g frischer Blattspinat

80 g entsteinte Oliven

Dressing

4 Zweige Oregano

1 TL Knoblauch

200 ml Weißweinessig

120 ml Olivenöl

1 TL Honig

Saft einer halben Zitrone

Salz und frisch gemahlener Pfeffer

1 Für den Salat den Bulgur unter kaltem Wasser abspülen und in einem großen Topf im Gemüsefond zum Kochen bringen. Temperatur reduzieren und den Bulgur 15–20 Minuten garen, am Ende die Butter unterrühren. Abkühlen lassen.

2 Während der Bulgur gart, die Zwiebel schälen und in feine Ringe schneiden. Minigurken und Zuckerschoten in Streifen schneiden. Cocktailtomaten vierteln. Spinat putzen.

3 Für das Dressing die Oreganoblättchen abzupfen. Knoblauch schälen und fein reiben. Mit den übrigen Zutaten in einem verschließbaren Glas zu einem cremigen Dressing schütteln.

4 Gemüse und Dressing mit dem Bulgur vermengen und mit Salz und Pfeffer abschmecken. Bis zum Servieren beiseitestellen.

5 Für die Schnecken das Lachsfilet längs in 8 schmale Streifen schneiden und möglichst eng aufrollen, anschließend mit Schaschlikspießen aus Holz fixieren. (Die Lachsseite, an der zuvor die Haut war, sollte dabei außen liegen, damit die Schnecken beim Braten besser zusammenhalten.)

6 Zitronensaft in einen tiefen Teller geben, Sesam auf einem flachen Teller verteilen. Die Lachsschnecken zunächst im Zitronensaft wenden, dann von beiden Seiten salzen, anschließend im Sesam wälzen und diesen etwas andrücken.

7 In einer großen Pfanne mit möglichst niedrigem Rand (z.B. Crêpespfanne) Ghee bzw. Rapsöl erhitzen. (Bei Verwendung einer Pfanne mit höherem Rand die Ölmenge erhöhen, da die Schnecken durch die Spieße meist nicht flach genug in der Pfanne liegen.) Temperatur etwas reduzieren und die Schnecken einlegen. Von beiden Seiten ca. 6 Minuten braten, bis der Sesam goldgelb und knusprig und der Lachs gar ist – dies kann man gut an den Rändern erkennen, die sich beim Braten zur Mitte heller färben.

8 Bulgursalat auf eine große Platte geben, Oliven darüberstreuen und die heißen Lachsschnecken darauf anrichten. Mit den Zitronenspalten servieren.

Tipp Bleibt vom Bulgursalat etwas übrig, den Rest in einem verschließbaren Glas im Kühlschrank aufbewahren und am nächsten Tag mit gebratenen Halloumiwürfeln servieren.

<u>Lachsschnecken</u>

1 kg Lachsfilet ohne Haut

Saft einer Zitrone

125–150 g Sesam

Salz

3 gehäufte EL Ghee oder 6–8 EL Rapsöl

Zitronenspalten zum Servieren

Familienmenü

Je mehr Leute am Tisch sitzen, desto besser. Also auch gleich die Omas und Opas, den Onkel, die Cousine zweiten Grades und Freunde einladen. Zuerst wird gekocht und dann stundenlang gegessen und geplaudert.

Für diese gemütlichen Tage braucht man ein Menü, das unkompliziert ist und sich gut vorbereiten lässt. Simple Zutaten verwandeln sich in ein herzhaftes Festmahl, das man ohne Stress durchaus auch an einem ganz normalen Sonntag auf den Familientisch bringen kann.

Geschäftiges Treiben, wenn dann alle Teller, Schüsseln und Löffel auf den Tisch gewandert sind: „Gibst du mir noch davon?", „Reichst du mal die Schüssel weiter und lässt mir auch noch etwas übrig?", hört man es zunächst noch rund um die Tafel tönen. Doch dann wird es ganz still. Ein eindeutiges Zeichen dafür, dass alle zufrieden sind und das Essen so richtig gut schmeckt!

Rindfleisch-Linsen-Bällchen

mit gebackenen Roten Beten, Tomatenconfit und Pastinakenpüree

**Für 1 Familienessen
mit 6–7 Personen**

**Zubereitungszeit:
ca. 2 Stunden**

**Das Menü ist dem Koch-
ablauf entsprechend notiert.**

Gebackene Rote Beten

**1 kg Rote Beten
(jeweils handtellergroß)**

6 Knoblauchzehen

**10 EL Olivenöl
plus mehr für die Form**

1 Handvoll Thymianzweige

6 TL Honig

**fein abgeriebene Schale
einer ganzen sowie Saft einer
halben Bio-Zitrone**

**Salz und frisch
gemahlener Pfeffer**

1 Für die gebackenen Roten Beten den Backofen auf 180 °C Umluft vorheizen. Rote Beten schälen, halbieren und mit der Schnittseite nach unten zwischen zwei Schaschlikspieße aus Holz legen. Nun mit einem scharfen Messer in 2 mm Abstand so tief einschneiden, dass das Gemüse gerade eben nicht durchgeschnitten wird – hierbei helfen die Spieße. In eine mit Olivenöl ausgestrichene Auflaufform legen.

2 Knoblauch schälen, in feine Scheiben schneiden und zwischen die Rote-Bete-Lamellen stecken. Olivenöl, abgezupfte Thymianblätter, Honig, Zitronenschale und -saft sowie reichlich Salz und Pfeffer zu einer Marinade rühren und auf die Roten Beten streichen.

3 Auf der untersten Schiene im Ofen 1 Stunde backen. Währenddessen immer wieder mit Marinade aus der Form übergießen. Gegen Ende der Backzeit prüfen, ob das Gemüse schon weich genug ist. Andernfalls einige Minuten weiterbacken.

4 Während die Roten Beten im Ofen sind, für das Tomatenconfit einen kleinen ofenfesten Topf oder eine Auflaufform mit Olivenöl ausstreichen und die Cocktailtomaten hineingeben. Knoblauch schälen. Ingwer schälen und fein reiben. Chili entkernen und fein hacken. Thymian-, Oregano- und Rosmarinzweige, Knoblauch, Ingwer, Chili, Olivenöl, Honig, 1 TL Salz und etwas Pfeffer unter die Tomaten mischen. Neben die Roten Beten in den Ofen stellen und 40 Minuten garen.

HMMM LECKER

Tomatenconfit

**1,2 kg Cocktailtomaten,
alternativ abgeseihte
Cocktailtomaten
aus der Dose**

2 Knoblauchzehen

1 Stück Ingwer (4 cm)

½ rote Chilischote

**1 kleine Handvoll
Thymianzweige**

**1 kleine Handvoll
Oreganozweige**

3–4 Zweige Rosmarin

**100 ml Olivenöl
plus mehr für die Form**

3 TL Honig

**Salz und frisch
gemahlener Pfeffer**

Pastinakenpüree

600 g Pastinaken

**Salz und frisch
gemahlener Pfeffer**

80 g Butter

200 ml (pflanzliche) Milch

**½ TL frisch geriebene
Muskatnuss**

Thymian zum Garnieren

Olivenöl zum Garnieren

5 Sobald die Tomaten in den Ofen gewandert sind, als Vorbereitung für das Püree die Pastinaken in Salzwasser weich kochen. Abseihen und etwas abkühlen lassen.

6 Während die Pastinaken kochen, für die Bällchen die roten Linsen gründlich abspülen und im Gemüsefond 10–15 Minuten kochen, bis sie zu zerfallen beginnen. Flüssigkeit abgießen und die Linsen abkühlen lassen.

7 Zwiebel und Knoblauch schälen und fein hacken. In 2 EL Olivenöl glasig braten, anschließend etwas abkühlen lassen. Kräuter von den Zweigen zupfen und fein hacken. Alle Zutaten in eine große Schüssel geben. Kräftig salzen und pfeffern und gut vermischen, dafür am besten mit den Fingern durchkneten.

8 Zwei Bleche mit Backpapier auslegen. Die Fleischmasse zu ca. 40 golfballgroßen Bällchen formen und auf die Bleche legen. Mit Olivenöl benetzen, zum Gemüse in den Ofen schieben (mittlere und obere Schiene) und ca. 20 Minuten garen.

9 Während alle übrigen Komponenten im Ofen sind, die Haut der gegarten Pastinaken mit der stumpfen Seite eines Buttermessers abschaben und die Enden entfernen. Pastinaken, Butter, Milch, Salz, Pfeffer und Muskatnuss in einem hohen Topf bei mittlerer Temperatur erwärmen. Fein pürieren, mit Salz und Pfeffer abschmecken. In vorgewärmten Schüsseln mit Thymian und etwas Olivenöl garnieren.

10 Gemüse und Bällchen aus dem Ofen nehmen. Gemüse auf den Tisch stellen, Bällchen auf eine große Platte legen. Bratensaft mithilfe des Backpapiers (zu einem Trichter formen) in eine kleine Sauciere füllen.

11 Die würzigen Bällchen mit dem cremigen Püree, dem süßsauren Tomatenconfit und den gerösteten Roten Beten genießen.

Familienmenü

Tipps Sind die Roten Beten und das Tomatenconfit etwas früher fertig als die Rindfleisch-Linsen-Bällchen, kann man beides aus dem Ofen nehmen. Die Roten Beten zum nochmaligen Aufwärmen in den letzten 5 Minuten Backzeit der Bällchen wieder in den Ofen stellen. Das Tomatenconfit muss nicht nochmals erwärmt werden, man kann es einfach abdecken und lauwarm servieren.

Das Tomatenconfit bereite ich gern schon am Vortag zu – oft gleich in doppelter Menge. Man kann es als Topping zu Aufstrichen oder Suppen essen, löffelweise vor dem Backen auf Focaccia setzen, Risottos verfeinern oder einen Toast mit Avocado und wachsweichem Ei zu etwas ganz Besonderem machen.

Übrig gebliebene Fleischbällchen zum Abendessen mit Hummus und Pfannen-Fladenbrot oder mit Sommertomaten-Soße und Spaghetti auf den Tisch bringen.

Variante Die gebackenen Roten Beten gibt es bei uns häufig als Abendessen. Dafür reibe ich nach 45 Minuten Backzeit noch etwas Parmesan über das Gemüse und gratiniere es weitere 15 Minuten. Dazu gibt es knuspriges Brot und Hummus.

Rindfleisch-Linsen-Bällchen

200 g rote Linsen

500 ml Gemüsefond (S. 76)

1 große Zwiebel

2 Knoblauchzehen

4 EL Olivenöl
plus mehr zum Beträufeln

1 Handvoll Thymianzweige

1 Handvoll Oreganozweige

1 kg Rinderhack

2 Eier

1 TL gemahlener
Kreuzkümmel

Salz und frisch
gemahlener Pfeffer

Süßes

Süßes darf auf keinem Familientisch fehlen! Ob zum Sattessen oder als Süßigkeiten in Form von Kuchen, Muffins, Cookies und Brownies. Perfekt für eine süße Pause, Partys zu Hause oder als Mitbringsel für Freunde.

Dabei kann ordentlich zugelangt werden, denn Eltern ersparen sich mit diesen Rezepten so manch zuckerbedingte Eskalation kleiner Leute: Die süßen Köstlichkeiten treten den Beweis an, dass es auch ohne riesige Mengen an Zucker, dafür aber vollwertig sattmachend klappt.

Kleiner Bananen-Brot-Auflauf

**Für 6 Förmchen
à ca. 250 ml**

**Zubereitungszeit:
30 Minuten
+ 30 Minuten Backzeit**

4 Eier

250 ml Mandelmilch

7 EL Kokosblütenzucker

1 TL gemahlene Vanille

1 Prise Salz

**2 überreife, braune Bananen
(ca. 250 g ohne Schale)**

150 g dunkle Schokolade

80 g gemahlene Walnüsse

**750 g altbackener
Dinkel-(Vollkorn-)Brioche
oder altbackenes Weißbrot**

1 TL Natron

**1 EL Butter
plus mehr für die Förmchen**

**(Birken-)Puderzucker
zum Bestäuben**

1 Den Backofen auf 180 °C Umluft vorheizen. Eier mit Mandelmilch, 5 EL Kokosblütenzucker, Vanille und Salz verquirlen. Bananen schälen und mit einer Gabel zerdrücken. Schokolade hacken. Bananenmus, 2/3 der Schokolade, 2/3 der Walnüsse und Natron unter die Eimasse mischen. Brioche in grobe Würfel schneiden und in der Masse einweichen.

2 Die Förmchen mit Butter ausstreichen und die Masse bis 2 cm unter den Rand einfüllen (sie geht beim Backen stark auf). Restliche Schokolade, Nüsse und übrigen Kokosblütenzucker sowie einige Butterflöckchen über den Aufläufen verteilen.

3 Auf ein mit Backpapier ausgelegtes Blech stellen und 20–30 Minuten backen. Anschließend aus dem Ofen nehmen, etwas abkühlen lassen und aus dem Förmchen lösen (dabei mit einem Buttermesser am Rand etwas lösen). Mit Puderzucker bestäuben und servieren.

Tipp Aus klein wird groß: Statt in mehreren Förmchen kann man die Masse auch in einer ausgefetteten Auflaufform 30–40 Minuten oder einem Muffinblech 15–20 Minuten backen.

Varianten Anstelle von Schokolade, Vanille und Walnüssen schmecken auch hauchdünne Apfelscheiben, Zimt und gemahlene Haselnüsse oder Himbeeren, Zitronenabrieb und Mohn oder Aprikosenstückchen, helles Mandelmus und geröstete Mandelblättchen ganz herrlich.

Buchweizendalken
mit Blitzeis und Cashewcreme

**Für 2 große und
2–3 kleine Esser
+ ein zweites Ma(h)l**

**Zubereitungszeit:
40 Minuten**

Dalken

120 g Buchweizenmehl

30 g Dinkelvollkornmehl

1 TL Natron

1 TL gemahlene Vanille

1 Prise Salz

**2 überreife, braune Bananen
(ca. 260 g Fruchtfleisch)**

7 Eier

50 ml (pflanzliche) Milch

**evtl. 20 g SONNENTOR
Schlaukakao Trinkschokolade,
alternativ Backkakao**

**Obst nach Saison und
Wunsch, z.B. 3 (Weingarten-)
Pfirsiche, 3 Nektarinen,
2 Äpfel, 2 Birnen,
1 Mango, 2 Bananen oder
125 g Beeren**

Erdnussöl zum Braten

1 Für die Dalken beide Mehlsorten, Natron, Vanille und Salz in einer Schüssel gut vermengen. Bananen schälen und in einer weiteren Schüssel mit einer Gabel zerdrücken. Die Eier hineinschlagen und untermischen. Die Milch unterrühren. Trockenen Zutaten dazugeben und mit einem Schneebesen zu einem glatten Teig rühren. Für eine schokoladige Variante Kakao unterrühren. 10 Minuten ruhen lassen.

2 Obst bei Bedarf schälen, entsteinen oder putzen und in dünne Scheiben schneiden.

3 Eine große Pfanne oder eine Augenpfanne mit Öl einpinseln, erhitzen und pro Dalken 1 guten EL Teig hineingeben. Nun in jeden Dalken 2–3 Stücke Obst legen. Auf beiden Seiten je 1 Minute braten. Dalken aus der Pfanne nehmen und im Backofen bei 80 °C warm stellen. So oft wiederholen, bis der gesamte Teig aufgebraucht ist. Dabei die Pfanne immer wieder mit Öl einpinseln.

4 Für die Cashewcreme Cashewkerne abseihen. Das Obst putzen. Alle Zutaten pürieren, dabei nach Geschmack mit Honig süßen.

5 Für das Blitzeis das gefrorene Obst mit dem griechischen Joghurt in eine Küchenmaschine geben und zu Eiscreme pürieren. (Zunächst wird das gefrorene Obst stückig. In der Küchenmaschine etwas antauen lassen, danach weiter zu einem cremigen Eis pürieren.) Bei Bedarf noch etwas mehr Joghurt dazugeben und nach Geschmack mit Honig süßen.

6 Die Dalken mit Puderzucker bestäuben und mit dem Blitzeis und der Cashewcreme und den knusprigen Toppings servieren.

Tipps Zu den Dalken passen auch wunderbar Frucht-mus, Zwetschgenmarmelade, Nuss-Schoko-Aufstrich oder Dattel-Kürbis-Karamell.

Sie sind auch kalt ein wunderbarer Snack und immer sehr beliebt in den Brotdosen.

Cashewcreme

**75 g Cashewkerne,
einige Minuten in 125 ml
kochendem Wasser
eingeweicht**

**350 g Obst nach Wahl,
z.B. Erdbeeren**

**80 ml cremige Kokosmilch-
Bestandteile (Dose)**

Honig nach Bedarf

Blitzeis

**2 überreife, braune Bananen,
am Vortag in Scheiben
geschnitten und eingefroren**

**2 Pfirsiche oder 200 g Obst
nach Wahl, am Vortag
gewürfelt und eingefroren**

**2 EL griechischer Joghurt
plus mehr bei Bedarf**

Honig nach Bedarf

Toppings

(Birken-)Puderzucker

**3 EL gerösteter Buchweizen,
Knuspermüsli (S. 34) oder
Knusper (S. 70)**

**3 EL gehackte und geröstete
Cashewkerne oder andere
Nüsse**

Quarknocken
mit Nuss-Amarant-Bröseln und Holunderkompott

1 Für die Nocken den Quark in ein feinmaschiges Sieb geben und 5 Minuten abtropfen lassen. Anschließend mit den übrigen Zutaten bis auf den Puderzucker in einer Schüssel verrühren. Mit Frischhaltefolie abgedeckt ca. 25 Minuten im Kühlschrank kalt stellen.

2 Währenddessen für das Kompott die Holunderbeeren von den Rispen ziehen (Achtung, der Holundersaft färbt stark). Birnen vom Kerngehäuse befreien, Zwetschgen entsteinen. Birnen, Zwetschgen und Feigen in kleine Würfel schneiden und mit Holunder, Zucker, Gewürzen und 125 ml Wasser in einen Topf geben. Kurz aufkochen, anschließend die Temperatur reduzieren und 10–15 Minuten köcheln lassen, bis die Flüssigkeit verkocht und die Konsistenz von Marmelade erreicht ist.

3 Für die Brösel alle Zutaten in einer Pfanne unter Wenden goldbraun rösten, anschließend beiseitestellen.

4 Quarkmasse aus dem Kühlschrank nehmen, aus je 1 EL mit den Händen Nocken formen. In einem großen Topf Wasser zum Kochen bringen, anschließend die Temperatur reduzieren. Die Hälfte der Nocken in das siedende Wasser legen und vorsichtig umrühren.

5 Sobald die Nocken an der Wasseroberfläche schwimmen (nach ca. 10 Minuten), mit einem Schaumlöffel herausheben, etwas abtropfen lassen und in die Pfanne zu Amarant und Nüssen geben. Durch Schwenken der Pfanne vorsichtig in der Mischung wenden und auf einem Teller bei 80 °C im Ofen warm stellen. Mit der zweiten Hälfte der Nocken ebenso verfahren.

6 Nocken mit Puderzucker bestäuben und mit Holunderkompott servieren.

Für 2 große und
2–3 kleine Esser

Zubereitungszeit:
50 Minuten

Quarknocken

500 g Magerquark

fein abgeriebene Schale
einer Bio-Zitrone

2 Eigelbe

40 g Kokosblütenzucker

200 g Dinkel- oder
Vollkornsemmelbrösel

1 Prise Salz

(Birken-)Puderzucker

Holunderkompott

300 g schwarze
Holunderbeeren

2 Birnen

6 Zwetschgen

3 Feigen

4 EL Kokosblütenzucker

2 TL SONNENTOR Chai Küsschen Gewürzzubereitung,
alternativ je 1 TL gemahlener
Zimt und gemahlene Vanille

Nuss-Amarant-Brösel

100 g gemahlene Haselnüsse

50 g gepuffter Amarant

60 g Butter

2 EL Kokosblütenzucker

Schokoladen-Grieß-Auflauf
mit Sauerkirschen

**Für 2 große und
2–3 kleine Esser
+ ein zweites Ma(h)l**

**Zubereitungszeit:
30 Minuten
+ 40 Minuten Backzeit**

1 l (pflanzliche) Milch

**7 gehäufte EL
Kokosblütenzucker**

300–350 g (Dinkel-)Grieß

4 überreife, braune Bananen

**100 g gemahlene Walnüsse
plus 3 EL zum Bestreuen**

**70 g dunkle Schokolade
(70–80 % Kakaoanteil)**

5 Eier

1 Prise Salz

**40 g Butter
plus mehr für die Form**

**360 g ungesüßte
Sauerkirschen
(Glas, 185 g Abtropfgewicht)**

1 Pck. Vanillezucker (8 g)

3 gestrichene EL Maisstärke

200 g Joghurt

1 Die Milch in einem mittelgroßen Topf mit 5 gehäuften EL Kokosblütenzucker zum Kochen bringen, die Temperatur etwas reduzieren und zunächst 300 g Grieß einrieseln lassen. Mit dem Schneebesen kräftig verrühren. Bei Bedarf etwas Grieß ergänzen, sodass ein sehr dicker Brei entsteht. Vom Herd nehmen und abkühlen lassen, dabei hin und wieder umrühren.

2 Den Backofen auf 180 °C Umluft vorheizen. Bananen schälen und mit einer Gabel zerdrücken. Gemeinsam mit den Nüssen unter die abgekühlte Grießmasse rühren.

3 Schokolade hacken. Eier trennen. Eiweiß mit Salz zu Schnee schlagen. Eigelbe und 50 g gehackte Schokolade unter den Grieß ziehen, dann den Eischnee unterheben.

4 Die Masse in eine gebutterte Auflaufform (ca. 30 x 25 cm) füllen, mit 2 EL Kokosblütenzucker und 3 EL Walnüssen bestreuen und die Butter in Flocken darauf verteilen. 30 Minuten backen, dann die übrige Schokolade darüberstreuen. Weitere 10 Minuten goldbraun backen.

5 Während der Auflauf im Ofen ist, Sauerkirschen samt Saft mit Vanillezucker in einem kleinen Topf zum Kochen bringen. In einer kleinen Schüssel Maisstärke mit 100 ml kaltem Wasser verrühren. Sobald die Kirschen kochen, die vorbereitete Stärke mit einem kleinen Schneebesen unterrühren. Erneut aufkochen lassen, dann vom Herd nehmen.

6 Auflauf aus dem Ofen nehmen, etwas abkühlen lassen, in Stücke schneiden und gemeinsam mit den Sauerkirschen und Joghurt servieren.

SOOO GUT

Beeren-tartelettes

1 Datteln, Kakao, Mandeln, Sonnenblumenkerne, Leinsamen, Vanille und Salz in einer Küchenmaschine 5 Minuten fein pürieren. (Erst dann löst sich das Fett aus den Mandeln und Samen und die Masse lässt sich gut verarbeiten.) Öl dazugeben, nochmals pürieren. Falls die Masse zu krümelig erscheint, etwas mehr Öl hinzufügen.

2 Masse auf 6 Tarteletteförmchen verteilen, fest zu einem dünnen Boden drücken und im Kühlschrank mit Frischhaltefolie abgedeckt 1 Stunde erkalten und fest werden lassen.

3 In der Zwischenzeit die Beeren putzen, Erdbeeren längs in dünne Scheiben schneiden. Joghurt cremig rühren.

4 Tartelettes aus dem Kühlschrank nehmen und mithilfe des Hebebodens aus der Form drücken. Auf Teller legen, mit Joghurt füllen und mit Beeren garnieren. Nach Geschmack mit Honig beträufeln. Tartelettes am besten gleich servieren oder abgedeckt im Kühlschrank bis zum nächsten Tag aufbewahren.

Variante Die Dattelmasse kann man auch zu kleinen **ENERGIEKUGELN** rollen und in **Backkakao, gemahlenem Kaffee (für Erwachsene), gehackten Nüssen, Samen, gefriergetrockneten Erdbeeren/Himbeeren, Rote-Bete-Pulver, SONNENTOR Kurkuma Latte Vanille** oder **Matcha** wälzen. Je bunter, umso spannender.

**Für 6 Tartelettes
(Förmchen mit Hebeboden,
10 cm ø)**

**Zubereitungszeit:
20 Minuten
+ 1 Stunde Kühlzeit**

**200 g Medjoul-Datteln
ohne Stein**

3 EL Backkakao

90 g gemahlene Mandeln

75 g Sonnenblumenkerne

75 g Leinsamen

1 TL gemahlene Vanille

1 Prise Salz

**1 TL Nussöl
plus mehr bei Bedarf**

600 g Erdbeeren

125 g Heidelbeeren

125 g Himbeeren

600 g griechischer Joghurt

Honig nach Bedarf

Am Wasser

Die ultimative Abkühlung an heißen Tagen? Selbst gemachtes Eis, das im Gefrierfach aufs Wegschlecken wartet, und erfrischende Limos, die ohne Zucker auskommen.

Eine Runde Eis am Stiel, und man ist die beste Mama der Welt. Versprochen! Auch die Limonaden (in Weinflaschen-Coolbags in einer Isoliertasche zum Picknick mitgenommen) erfrischen Klein und Groß. Die Buttermilch kitzelt so schön auf der Zunge und birgt mit den Johannisbeeren eine süßsaure Überraschung in sich. Die grüne Schüttellimo macht definitiv lustig, so schön säuerlich kommt sie daher.

Für den kleinen Hunger am kühlen Nass wickelt die ganze Familie zu Hause Wassermelone, Gurken-, Zucchini- und Karottenspaghetti in Salatblätter und packt dazu ein großes Glas Erdnussdip ein. Gemeinsam mit den Getränken eine köstliche Alternative zu Pommes rot-weiß auf der Handtuch-Tischdecke.

Gefrorener Erdbeerjoghurt

**Für 4 Eis am Stiel
(à ca. 250 ml)**

**Zubereitungszeit:
15 Minuten
+ Kühlzeit**

500 g Erdbeeren

**1 überreife, braune Banane
(ca. 130 g Fruchtfleisch)**

250 g griechischer Joghurt

2 EL Honig

2 EL Mandelmus

1 Handvoll Basilikum

320 g Knuspermüsli (S. 34)

1 Erdbeeren putzen. Banane schälen. Mit den restlichen Zutaten bis auf Basilikum und Knuspermüsli pürieren.

2 Basilikumblätter in feine Streifen schneiden und gemeinsam mit 120 g Knuspermüsli unter die Masse rühren. Gleichmäßig auf 4 Muffinförmchen (aus Metall oder Silikon) verteilen, jeweils einen Eisstiel mittig platzieren und über Nacht einfrieren.

3 Am nächsten Morgen das Eis etwas antauen lassen und aus dem Förmchen lösen. Übriges Knuspermüsli in eine Kasten- oder kleine Auflaufform füllen und die Eisportionen kopfüber hineinstecken. Knuspermüsli rundum etwas andrücken und nochmals 2–3 Stunden in das Gefrierfach stellen.

Tipp Wer es nicht schafft, auf die Ummantelung zu warten, kann das Eis natürlich auch ohne Extraknusper sofort essen.

Am Wasser

Cremiges Erbseneis
am Stiel

1 Banane schälen. Avocado halbieren, entsteinen und das Fruchtfleisch aus der Schale lösen. Alle Zutaten bis auf Zitronenschale und Minze fein pürieren. Minzblätter in dünne Streifen schneiden und gemeinsam mit der Zitronenschale unter die Masse heben. Gleichmäßig auf 9 Förmchen (z.B. Muffinförmchen aus Silikon, Metallförmchen oder leere Joghurtbecher) verteilen.

2 Die Förmchen in eine kleine Auflaufform stellen, eine Lage Alufolie darüberlegen und hölzerne Eisstiele mittig hineinstecken. (Durch die Folie verrutschen sie nicht.) Über Nacht einfrieren. Zum einfacheren Herauslösen die Förmchen kurz in heißes Wasser tauchen.

Tipp Wer noch mehr Eis an heißen Tagen anbieten will, z.B. bei einer bunten Gartenparty, kann auch kleine Eisdrops aus den Resten vom Lila-weißen Löffelsmoothie zubereiten.

**Für 9 Eis am Stiel
(à ca. 50 ml)**

**Zubereitungszeit:
15 Minuten
+ Kühlzeit**

1 überreife, braune Banane
(ca. 130 g Fruchtfleisch)

1 Avocado

fein abgeriebene Schale
sowie Saft einer Bio-Zitrone

250 g angetaute Erbsen (TK)

1 TL frisch
geriebener Ingwer

4 EL Apfelmus

150 ml Mandelmilch

10 Minzblätter

So schmeckt uns der Sommer.

Spritzige Buttermilch

mit Johannisbeeren

Für 1 l

**Zubereitungszeit:
10 Minuten
+ 2 Stunden Kühlzeit**

**125 g (bunte)
Johannisbeeren**

3 EL Honig

4 Minzblätter

600 ml Buttermilch

**200 ml Mineralwasser
mit Kohlensäure**

1 Johannisbeeren von den Rispen zupfen und mit dem Honig vermengen. In eine verschließbare Flasche mit weitem Hals (z.B. Milchflasche) füllen.

2 Minzblätter in feine Streifen schneiden. Buttermilch, Mineralwasser und Minze zu den Beeren geben. Flasche verschließen und mindestens 2 Stunden im Kühlschrank kalt stellen.

3 Vor dem Trinken die Flasche ein- bis zweimal mit geschlossenem Deckel auf den Kopf drehen, damit sich Beeren und spritzige Buttermilch vermengen.

Am Wasser

Grüne Schüttellimo

1 Kiwis schälen und gemeinsam mit den Gurken in grobe Stücke schneiden. Mit Zitronenmelisseblättern und Zitronensaft mit einem Pürierstab oder in einer Küchenmaschine pürieren und in eine Flasche mit weitem Hals (z.B. Milchflasche) gießen.

2 Anschließend mit kaltem Wasser und Eiswürfeln auffüllen. Minigurken- und Zitronenscheiben sowie Zitronenmelisseblätter in die Flasche geben. Verschließen und vor dem Trinken schütteln.

Für 1 l

**Zubereitungszeit:
10 Minuten**

2 Kiwis

2 Minigurken

**6 Zitronenmelisseblätter,
alternativ Basilikumblätter**

Saft von 2 Zitronen

**600 ml gekühltes stilles
Mineralwasser oder eiskaltes
Leitungswasser**

1 Handvoll Eiswürfel

**Zitronen- und Minigurken-
scheiben sowie in Streifen
geschnittene Zitronenmelisseblätter zum Garnieren**

Salatrollen-Picknick

Für 10 Salatrollen

**Zubereitungszeit:
40 Minuten**

Salatrollen

2 Karotten

1 Gurke

2 Zucchini

¼ Wassermelone

100 g Vollkorn-Fadennudeln

10 große, weiche Salatblätter

10 runde Reispapierblätter

**10 Blätter Basilikum
oder Zitronenmelisse**

10 Minzblätter

Erdnussdip

½ rote Chilischote

1 Stück Ingwer (3 cm)

Saft einer halben Zitrone

100 g Erdnussmus (Glas)

3 EL Sojasoße

**2 EL heller Essig
(am besten Reisessig)**

2 EL Honig oder Reissirup

**50 ml Wasser
plus mehr bei Bedarf**

1 Für die Salatrollen Karotten und Gurke schälen. Aus Karotten, Gurke und Zucchini mit einem Sparschäler mit Zackenmesser oder einem Spiralschneider Gemüsespaghetti herstellen.

2 Wassermelone schälen und in zehn 4 cm lange Sticks schneiden. Fadennudeln nach Packungsangabe kochen und abseihen. Dicke Blattrippen der Salatblätter entfernen.

3 Für die Rollen 1 Blatt Reispapier in eine Schüssel mit heißem Wasser legen und weich werden lassen. Reispapier herausnehmen und auf ein Brett legen. 1 Salatblatt darauflegen und mittig in einem Strang jeweils einen Teil der Gemüsespaghetti sowie Fadennudeln daraufgeben. Je 1 Blatt Basilikum bzw. Zitronenmelisse und Minze sowie 1 Melonenstick darauflegen.

4 Die Seiten von Reispapier und Salat einschlagen, danach die Blätter um die Füllung fest einrollen. Rolle halbieren und zum Mitnehmen mit der Anschnittseite nach oben in eine verschließbare Box setzen. Die übrigen Rollen ebenso herstellen.

5 Für den Erdnussdip die Chilischote entkernen und fein hacken. Ingwer schälen und fein reiben. Alle Zutaten in ein Schraubglas geben, mit dem Deckel verschließen und gut schütteln. Erscheint der Dip zu zähflüssig, etwas mehr Wasser dazugeben und nochmals kräftig schütteln. Glas ebenfalls für das Picknick einpacken.

6 Salatrollen in den Dip getaucht genießen.

SUPER
KNACKIG

**Für 4 große Muffins
(Förmchen à ca. 250 ml)**

**Zubereitungszeit:
20 Minuten
+ 25 Minuten Backzeit**

55 g Butter

220 g Kürbisfruchtfleisch

40 g Walnüsse

40 g Pekannüsse

120 g getrocknete Aprikosen

110 g Dinkelvollkornmehl

1 TL Natron

1 TL gemahlener Zimt

½ TL gemahlener Ingwer

½ TL frisch geriebene
Muskatnuss

10 g Sesam

2 Eier

4 EL Honig

Öl für die Förmchen

Streusel

35 g Sesam

35 g Haferflocken

25 g weiche Butter

1 Prise Salz

Aprikosen-Kürbis-Muffins
mit Sesamstreuseln

1 Den Backofen auf 180 °C Umluft vorheizen. Butter schmelzen und bis zur Verwendung abkühlen lassen. Kürbis reiben. Nüsse und Aprikosen fein schneiden.

2 In einer Schüssel Mehl, Natron, Gewürze und Sesam mit einem Löffel vermengen. Eier, flüssige Butter und Honig mit einem Handmixer unterrühren. Kürbis, Nüsse und Aprikosen mit einem Löffel unter die Masse heben. Muffinförmchen einfetten und den Teig ¾ hoch einfüllen.

3 Die Zutaten für die Streusel mit den Händen verkneten und gleichmäßig auf den Muffins verteilen.

4 20–25 Minuten backen. Anschließend aus dem Ofen nehmen, abkühlen lassen und aus den Förmchen lösen.

Tipps Wer keine passenden Förmchen hat, kann die Muffins auch in einem Muffinblech backen. Die Backzeit verringert sich dann auf 10–15 Minuten.

Aprikosen ersetzte ich nach Lust und Laune durch Rosinen oder getrocknete Cranberrys und streue anstelle der Streusel vor dem Backen einfach etwas Sesam über die Muffins.

Varianten Statt Kürbis kann man auch Süßkartoffel oder Zucchini reiben und in den Teig mischen.

Piña-Colada-Kuchen
aus der Pfanne

1 Den Backofen auf 180 °C Umluft vorheizen. Mehl, Mandeln, Kokosraspel, Natron, Zimt und Salz in einer Schüssel vermischen. In einer zweiten Schüssel Eier mit Zucker, Vanille, Kokosmilch und -öl aufschlagen. Die trockenen Zutaten zur flüssigen Mischung geben und mit dem Schneebesen zu einem glatten Teig verrühren.

2 Ananas in ca. 2 cm große Stücke schneiden.

3 Eine ofenfeste beschichtete Pfanne mit etwas Kokosöl ausstreichen und auf dem Herd erhitzen. Sobald die Pfanne heiß ist, den Teig hineingießen und die Ananasstücke gleichmäßig darauf verteilen.

4 Pfanne in den Ofen stellen und den Kuchen 25 Minuten backen. Nach der Hälfte der Zeit 2 EL Kokosraspel über den Kuchen streuen. Am Ende der Backzeit die Stäbchenprobe machen: Bleibt kein Teig mehr an einem Holzstäbchen haften, Kuchen aus dem Ofen nehmen und in der Pfanne abkühlen lassen. Andernfalls noch einige Minuten weiterbacken.

5 Kuchen an den Rändern vorsichtig von der Pfanne lösen und mithilfe eines Pfannenwenders auf einen großen Teller gleiten lassen. Am besten lauwarm servieren.

Tipp Die Kuchenmasse kann man auch in Muffinförmchen backen. Diese zur Hälfte mit dem Teig füllen, 3–4 Ananasstücke darin verteilen und 10–15 Minuten backen.

Varianten Im Frühsommer bereite ich den Kuchen mit Erdbeeren oder Aprikosen zu. Dann lasse ich die Kokosraspel weg, ersetze die Kokosmilch durch Mandelmilch und bestreue den Kuchen mit Mandelblättchen. Im Herbst schmeckt der Kuchen mit Zwetschgen, Haselnussmilch und gemahlenen Haselnüssen.

Für 1 Kuchen (ca. 27 cm ø)

Zubereitungszeit:
15 Minuten
+ 25 Minuten Backzeit

130 g Dinkelvollkornmehl

50 g gemahlene Mandeln

20 g Kokosraspel
plus 2 EL zum Bestreuen

2 TL Natron

1 TL gemahlener Zimt

1 Prise Salz

2 Eier

90 g Kokosblütenzucker

1 ½ TL gemahlene Vanille

200 ml Kokosmilch (Dose)

160 g Kokosöl
(Zimmertemperatur)
plus mehr für die Pfanne

400 g Ananasfruchtfleisch
(frisch oder ungezuckert
aus der Dose)

Herb-süße
Schokobrownies mit Himbeeren

Für 1 quadratische Backform
(21 x 21 cm)

Zubereitungszeit:
15 Minuten
+ 30 Minuten Backzeit

240 g Kichererbsen (Dose)

40 g Backkakao

100 g Kokosblütenzucker

1 TL Nussöl

1 ½ TL gemahlene Vanille

1 Prise Salz

2 Eier

1 TL Natron

3 vorgekochte Rote Beten
(ca. 350 g)

50 g Zartbitterschokolade
(70 % Kakaoanteil)

100 g Himbeeren
plus mehr zum Garnieren

(Birken-)Puderzucker
oder Honig

1 Den Backofen auf 180 °C Umluft vorheizen. Kichererbsen abseihen und mit den übrigen Zutaten bis auf Schokolade, Himbeeren und Puderzucker mit einem Pürierstab oder in einer Küchenmaschine ganz fein pürieren. Die Schokolade grob hacken und unterheben.

2 Eine Backform mit Backpapier auslegen, den Teig 2 cm hoch einfüllen und glatt streichen. Die Himbeeren in gleichmäßigen Abständen in die Browniemasse drücken.

3 30 Minuten im Ofen backen, anschließend herausnehmen. In der Form etwas abkühlen und setzen lassen – die Brownies werden außen fest, innen bleiben sie saftig und cremig.

4 Anschließend mit dem Backpapier aus der Form auf ein Brett legen und in 9 quadratische Stücke schneiden. Mit Puderzucker bestäuben oder mit Honig beträufeln und mit Himbeeren garnieren.

Tipps Die Brownies schmecken aufgrund der dunklen Schokolade und der Roten Beten eher herb. Kinder lieben daher das süße Topping aus Puderzucker oder Honig. Durch die Roten Beten werden die Brownies beim Backen sehr dunkel, genauso muss das sein!

Die Browniemasse ist so schnell gemacht, dass ich sie gern am Sonntag nach dem Mittagessen zubereite und wir keine Stunde später gemeinsam auf dem Sofa frische Brownies naschen können.

Wer mag, kann die Masse auch halbhoch in gefettete Muffinförmchen füllen und je 2–3 Himbeeren in den Teig drücken. Die Muffins sind nach 10–15 Minuten im Ofen fertig.

Backen für Laib & Seele

Süßes Zucchini-Karotten-Brot

1 Den Backofen auf 180 °C Umluft vorheizen. Pimentkörner im Mörser fein zerstoßen. Karotte und Zucchini auf einer Vierkantreibe grob reiben.

2 Mehl, Natron, Zimt, Piment und Kokosblütenzucker in einer Schüssel vermengen. Rosinen und Walnüsse unterrühren. Gemüse zur Mehlmischung geben und unterheben.

3 In einer zweiten Schüssel Eier mit Olivenöl, Salz und Vanille aufschlagen. Eimasse gründlich unter die Mehl-Gemüse-Mischung rühren.

4 Teig in eine mit Backpapier ausgelegte Kastenform füllen, mit Kürbiskernen bestreuen und 40 Minuten im Ofen backen. Am Ende der Backzeit mit einem Holzstäbchen in das Brot stechen. Bleibt kein Teig daran kleben, ist das Brot fertig. Andernfalls noch etwas länger backen.

5 Das süße Brot etwas abkühlen lassen, anschließend vorsichtig auf eine Platte legen und aufschneiden. Pur oder mit Nussmus genießen.

Tipp Das Brot schmeckt auch getoastet wunderbar. Man kann es bei Bedarf scheibenweise zwischen Backpapier einfrieren und im Toaster warm und knusprig werden lassen, wenn der Hunger ganz groß ist.

Für 1 Brot (ca. 25 x 11 cm)

**Zubereitungszeit:
30 Minuten
+ 40 Minuten Backzeit**

1 TL Piment

1 Karotte (100 g)

1 Zucchini (115 g)

200 g Dinkelvollkornmehl

1 TL Natron

1 TL gemahlener Zimt

60 g Kokosblütenzucker

100 g Rosinen

40 g Walnüsse

3 Eier

100 ml Olivenöl

1 Prise Salz

1 Prise gemahlene Vanille

15 g Kürbiskerne

Kekse voller Potenzial

Für 13 Stück

Zubereitungszeit:
10 Minuten
+ 40 Minuten Garzeit
+ 20 Minuten Backzeit

1 große Süßkartoffel
(benötigt werden 130 g
Fruchtfleisch)

70 g dunkle Schokolade
oder Kakaonibs

280 g gemahlene Mandeln

100 g gehackte Mandeln

100 g Kokosblütenzucker

100 g Kokosöl plus mehr
zum Einfetten des Löffels

2 TL Chiasamen

1 TL Backpulver

¼ TL Salz

1 TL gemahlene Vanille

1 Den Backofen auf 180 °C Umluft vorheizen. Die Süßkartoffel auf ein mit Backpapier ausgelegtes Blech legen, rundum mit einer Gabel einstechen und ca. 40 Minuten im Ofen weich garen. Herausnehmen und abkühlen lassen, anschließend 130 g Fruchtfleisch herauslösen und mit einer großen Gabel zerdrücken.

2 Dunkle Schokolade hacken. Alle Zutaten vermengen und mit einem Eisportionierer mit etwas Abstand auf zwei mit Backpapier ausgelegten Blechen verteilen. Mit einem eingefetteten Löffel flach und rund drücken (ca. 7 mm ø) und 15–20 Minuten im Ofen backen. Anschließend abkühlen lassen.

Tipps Im Sommer friere ich die Kekse zwischen zwei Lagen Backpapier ein. Eine besonders knusprig-kalte Überraschung an heißen Tagen.

Für ein Eis-Keks-Sandwich das Blitzeis von S. 166 zwischen zwei Kekse streichen.

Hat man es sehr eilig, lässt man die Süßkartoffel einfach weg. Ohne Gemüse sind die Kekse nach dem Backen noch knuspriger.

HMMM
LECKER

Familienessen auf Vorrat

Ein prall gefüllter Vorrats-, Kühl- und Gefrierschrank rettet uns ganz oft, wenn der Hunger der Kinder groß, das elterliche Zeitbudget aber klein ist. Mit diesen selbst gemachten Köstlichkeiten und Grundnahrungsmitteln bleibt keine Familie lang hungrig. Das Warten auf den Lieferservice ersparen wir uns so und das Essen auswärts gleich mit. Denn mit Kindern ist es zu Hause dann doch oft entspannter.

Selbst gemacht & immer gut

— Müsli/Granola: Knuspermüsli

— Süßigkeiten: Knusper, Haferflocken-Muffins, Kekse voller Potenzial

— Marmelade: Birnen-Ingwer-Mus, Zwetschgenmarmelade

— Süße Aufstriche: Nussmus, Nuss-Schoko-Aufstrich oder Dattel-Kürbis-Karamell

— Salzige Aufstriche: Hummus, grüne Radieschen-Salsa (siehe Rezept für Gemüsechips mit grüner Radieschen-Salsa)

— Ketchup: Tomaten-Spitzpaprika-Ketchup

— Mayonnaise: Veggie-Limettenmayo (s. Rezept für Geröstetes Gemüse mit Veggie-Limettenmayo)

— Salzgebäck: Popcorn-Saaten-Cracker, Umami-Erbsen-Knusper oder Brotchips

— Brühe: Gemüsefond aus Abschnitten

— Eingelegtes Gemüse: Süßsauer eingelegte(s) Zwiebeln/Gemüse

— Salatmarinade: Salat-Schüttel-Dressing (s. Sattmacher-Salate)

— Pesto: Basilikumpesto, Wirsingpesto (s. Rezept für Zwei belegte Brote)

— Aroma und Würze: Gomasio, Würzknusper oder würziges Knuspermüsli

Vorratsschrank

— Öle und Fette: Olivenöl, Kürbiskernöl, Ghee (geklärte Butter) und hoch erhitzbares Öl (z.B. Rapsöl), Sesamöl, Walnuss- oder Haselnussöl

— Essig: Apfelessig, Balsamicoessig hell und dunkel, Reisessig, Balsamicocreme

— Tahin (Sesammus)

— Tamari/Sojasoße

— Bio-Gemüsebrühpulver

— (Vollkorn-)Mehl

— (Vollkorn-/Hülsenfrüchte-)Pasta

— (Vollkorn-)Wraps

— (Vollkorn-/Basmati-)Reis

— (Vollkorn-)Semmelbrösel

— (Vollkorn-)Semmelwürfel

— (Pseudo-)Getreide: Bulgur, Couscous, Quinoa, Buchweizen

— Haferflocken (glutenfrei)

— Nüsse (Haselnüsse, Walnüsse, Mandeln, Cashewkerne, Pinienkerne) und Samen (Sonnenblumen- und Kürbiskerne, Sesam, Chiasamen)

— Weinsteinbackpulver, Backsoda und Trockenhefe

— Honig, Zucker und Zuckeralternativen (Kokosblütenzucker, Birkenzucker, Reissirup, Datteln)

— Trockenfrüchte

— Kokoschips

— Backkakao

— Tomaten in der Dose oder im Glas (stückig und passiert)

— Mais, Bohnen und Kichererbsen in der Dose oder im Glas

— Zwiebeln und Knoblauch

Kühlschrank

— Eier

— Parmesan

— (Büffel-)Mozzarella

— Oliven

— Obst

— Gemüse

— (pflanzliche) Milch

— (pflanzlicher) Joghurt

— Frischkäse

— Butter

— Chilipaste

— Dinkelblätterteig

— Filoteig

— Senf

— Ingwer

— Essensreste (abgedeckt oder abgefüllt)

Gefrierfach

— Erbsen

— Brokkoli/Blumenkohl

— Blattspinat

— Bananenscheiben, Mangostücke und Beeren

— Kräuter

Gewürzregal

— feines und grobes Salz

— Pfefferkörner in der Mühle

— getrocknete Chilischoten

— Kreuzkümmelsamen

— Kümmelsamen

— Fenchelsamen

— Koriandersamen

— Paprikapulver (edelsüß und geräuchert)

— Currypulver

— gemahlene Vanille

— gemahlener Zimt

— Muskatnuss

— SONNENTOR Gewürzmischungen

Ran an Messer, Töpfe und Löffel

Meine Familienküchen-Grundausstattung ist nicht außergewöhnlich:

— Töpfe, Pfannen und Auflaufformen, angepasst an die Familiengröße

— scharfe (Kinder-)Messer

— Bretter (Kunststoff für Fleisch und Fisch, Holz für den Rest)

— Schüsseln in verschiedenen Größen

— Pfannenwender

— Brotmesser: nicht nur für Brot oder Pizza, sondern auch für Wassermelone oder zum Hacken von Schokolade und Nüssen

— Teigkarte für Brotteige

— Nudelholz zum Ausrollen von Teig oder zur Herstellung von groben Brotbröseln

— Sparschäler: nicht nur zum Schälen, sondern auch um Zucchini oder Gurken dekorativ in Streifen zu schneiden

— Vierkantreibe zum Reiben von Gemüse, Obst, Käse und hartem Brot

— feinmaschiges Sieb zum Abseihen von Flüssigkeiten und zum Sieben von Mehl

— Messbecher

— Kastenform und Springform für Kuchen

— Küchenhocker für kleinere Kinder, die beim Kochen helfen oder zusehen wollen

— Elemente für den schön gedeckten Tisch: hübsches Besteck, Geschirr und Stoffservietten (Tipp: Servietten aus Baumwolle oder Leinen mit einer Zickzack-Schere selbst zuschneiden. Sie können gewaschen und immer wieder verwendet werden.)

Elektronische Helfer:

— Handmixer mit Quirlen und Knethaken

— Küchenwaage

— Leistungsstarke Multifunktions-Küchenmaschine oder Hochleistungsmixer für Mus aus Nüssen, Hülsenfrüchten oder Trockenfrüchten, zum Zerkleinern von großen Obst- und Gemüsemengen, zum Kneten von Teig und zur Herstellung von cremigen Suppen und Soßen, Smoothies oder Eiscreme aus Früchten

— Pürierstab für Soßen, Marmelade und Mayonnaise

— Waffeleisen für pikante und süße Waffeln

— Toaster zum schnellen Auftauen und Rösten von Brot, Brötchen und Kuchen

— Wasserkocher für schnelles Nudelwasser

Zusätzliches hilfreiches und zeitsparendes Küchenequipment:

— großer gusseiserner oder emaillierter Topf für Schmorgerichte und Topfbrot

— Pancake-/Augenpfanne und/oder Crêpespfanne

— quadratische, nicht zu große Backform (ca. 21 x 21 cm) für Brownies

— Muffinförmchen (mittlerweile gibt es auch solche aus Emaille, die man immer wieder verwenden kann)

— Spiralschneider oder Sparschäler mit Zackenmesser für Gemüsespaghetti

— Apfelausstecher für den schnellen Obstsnack oder Fruchtkompott und -mus

— Mandoline für süßsauer eingelegtes Gemüse und Chips

— kleine Reibe für Zitronenschale, Muskatnuss, Ingwer und Knoblauch

— Schaumlöffel zum Abschöpfen von Knödeln und Nockerln

— Eisportionierer für Cookies, Falafeln und Gemüsebällchen

— Mörser für Kräuter- und Gewürzmischungen

Fett gesetzte Rezepte sind Hauptrezepte, normal gesetzte sind in Varianten, Tipps o.ä. zu finden.

Fett gesetzte Rezepte sind Hauptrezepte, normal gesetzte sind in Varianten, Tipps o.ä. zu finden.

Danke

… von Herzen an meine wild-fröhliche Ras-selbande! Alma, Mathilda und Caspar, ihr raubt mir regelmäßig den Verstand im Spa-gat zwischen noch festeren Umarmungen, Abbusseln und inbrünstigen Schreiduellen. Ohne euch könnte ich unserem Essen kein Leben einhauchen. Ihr seid das beste Food-styling-, Statisten-, Foto- und Verkostungs-team. Schonungslos sprudelt kritisches Feed-back aus euch heraus. Kein Gourmetkritiker könnte das besser. Verzeiht mir meine Ge-reiztheit und das lauwarme Essen eineinhalb Jahre lang. In zwanzig Jahren werden wir bestimmt durch dieses kulinarische Familien-album blättern und sagen, es war das wilde Abenteuer wert!

Danke dir, Mathias, dass du den ganz nor-malen Wahnsinn jede Minute mitträgst, mich zwischendurch auf den Boden der Tatsachen zurückholst, Nervenzusammenbrüche aus-hältst und das Buch nicht nur als Papa, son-dern auch als Mediziner begleitet hast.

Danke, Chris Müller, für diesen Samstag mit mir und später der ganzen Familie. Obwohl wir uns kaum kannten, hast du mich beim Ko-chen des Familienmenüs behutsam mit dei-ner Kamera begleitet. Und bist nicht einmal zurückgeschreckt, als drei kleine Menschen hungrig über die Gerichte hergefallen sind. Am Ende war es ein gemütliches, langes Es-sen mit feinen Gesprächen und tollen Bildern!

Ein großer Dank an Sonnentor aus dem sonnig-schönen Waldviertel für euer Ver-trauen und die Unterstützung dieses Buches. Ich könnte mir keinen besseren Zutaten-Spar-ringspartner vorstellen. Ohne euch wären die Gerichte bestimmt nicht so Kräuter-duf-tig, kreativ und würzig. Besonderer Dank gilt Cornelia – nicht mal Corona und Online-Meetings konnten uns von einer Zusammen-arbeit abhalten.

Danke, Riess für die unkomplizierte Ausstat-tung mit Emaille-Geschirr – Töpfe, Pfannen, Auflaufformen und vieles mehr. Ich bin ent-zückt von dem cool-funktionalen Design mit Tradition, das Riess damit in meine und hof-fentlich ganz viele Familienküchen bringt.

Danke, Katharina Wind, die entzückendste Lektorin der Welt. Wir haben uns getroffen und auf Anhieb verstanden, als würden wir uns schon ganz lange kennen. Es hat großes Vergnügen bereitet, nicht nur die Arbeit am Buch, sondern auch der Austausch zwischen Mamas.

Danke, Stefanie Wawer, für die fröhlich-klare Umsetzung meiner grafischen Hirngespinste und deinen persönlichen Einsatz durch die Illustration jeder einzelnen Seite dieses Bu-ches und des Plakats.

Danke an den Styria Verlag: Ulli Zika, Elisa-beth Stein-Hölzl und Elisabeth Blasch, die genau wie ich ganz schnell für die Idee der Familienküche brannten, und es möglich ge-macht haben, meine Begeisterung zu Papier zu bringen.

Und last but not least – den liebsten Dank an Jasmin Parapatits! Für ihre erfahrene, strukturiert-unaufgeregte Arbeitsweise und die professionelle Koordination dieses Buch-projekts, das sie auf Umwegen unter ihre Fit-tiche genommen und für das sie großartige Frauen mit ins Boot geholt hat!

STYRIA
BUCHVERLAGE

© 2021 by Kneipp Verlag
in der Verlagsgruppe Styria GmbH & Co KG
Wien – Graz
Alle Rechte vorbehalten.
ISBN 978-3-7088-0804-8

Bücher aus der Verlagsgruppe Styria gibt es
in jeder Buchhandlung und im Online-Shop
www.styriabooks.at

Covergestaltung: Stefanie Wawer
Layout und Buchgestaltung: Stefanie Wawer
Lektorat: Katharina Wind
Projektleitung: Jasmin Parapatits
Fotos: Olivia Trombitas-Meissel

Druck und Bindung: Neografia
Printed in the EU
7 6 5 4 3 2 1

Hat Ihnen dieses Buch gefallen? Dann freuen wir
uns über Ihre Weiterempfehlung. Erzählen Sie es
im Freundeskreis, berichten Sie Ihrem Buchhänd-
ler, oder bewerten Sie beim Onlinekauf.
Wünschen Sie weitere Informationen zum Thema?
Möchten Sie mit Olivia Trombitas-Meissel in
Kontakt treten?
Wir freuen uns auf Austausch und Anregung unter
leserstimme@styriabooks.at

Inspiration, Geschenkideen und gute Geschichten
finden Sie auf **www.styriabooks.at**

Wir danken SONNENTOR für die freundliche
Unterstützung